# Zitate
### und
# Sprichwörter

# Zitate
## und
# Sprichwörter

**EDITION XXL**

# Inhalt

*Alt ist man erst dann,
wenn man an der
Vergangenheit mehr
Freude hat als an der
Zukunft.*

John Knittel

*Alt werden ist natürlich
kein reines Vergnügen.
Aber denken wir an die
einzige Alternative.*

Robert Lembke

*Alte Leute sind junge
Menschen, die zufällig vor
dir älter wurden.*

Günther Baruschke

*Lang leben will jeder, aber
alt werden will keiner.*

Johann Nepomuk Nestroy

*Man kann nichts dagegen
tun, dass man altert. Aber
man kann sich dagegen
wehren, dass man veraltet.*

Lord Samuel

*Mit 36 ist man gerade alt
genug, um zu wissen, was
man tut. Und noch jung
genug, um es trotzdem
zu tun.*

Brigitte Bardot

*Ein Kavalier ist ein Mann,
der sich den Geburtstag
einer Frau merkt und ihr
Alter vergisst.*

unbekannt

*Es ist schlimm um eine
Nation bestellt, in der die
Jugend konservativer ist als
das Alter.*

Heinrich von Treitschke

*Kluge Menschen verstehen
es, den Abschied von der
Jugend auf mehrere
Jahrzehnte zu verteilen.*

Françoise Rosay

*Die Jugend ist die Zeit,*
*Weisheit zu lernen. Das*
*Alter ist die Zeit, sie*
*auszuüben.*

Jean-Jacques Rousseau

*Die Jugend ist etwas*
*Wundervolles. Es ist eine*
*wahre Schande, dass man*
*sie an Kinder vergeudet.*

George Bernard Shaw

*Die Jugend von heute liebt*
*den Luxus, hat schlechte*
*Manieren und verachtet*
*die Autorität. Sie*
*widersprechen ihren*
*Eltern, legen die Beine*
*übereinander und*
*tyrannisieren ihre Lehrer.*

Sokrates (470-399 v. Chr.)

*Wie alt ein Mann ist,
erkennt man daran, ob er
zwei Stufen oder zwei
Tabletten auf einmal
nimmt.*

Ronald Reagan

*Wie alt man gerade gewor-
den ist, sieht man an den
Gesichtern derer, die man
jung gekannt hat.*

Heinrich Böll

*Willst du alt werden, musst
du beizeiten anfangen.*

Spanisches Sprichwort

*Alter ist etwas, das keine
Rolle spielt, es sei denn,
man ist ein Käse.*

Bill Burke

*Alter schützt vor Liebe
nicht, aber Liebe vor
dem Altern.*

Coco Chanel

*Das Alter hat die
Heiterkeit dessen, der
seine Fesseln los ist und
sich nun frei bewegt.*

Arthur Schopenhauer

*Das größte Übel der heuti-*
*gen Jugend besteht darin,*
*dass man nicht mehr*
*dazugehört.*

Salvador Dali

*Der Vorteil des Alters liegt*
*darin, dass man die Dinge*
*nicht mehr begehrt, die*
*man sich früher aus*
*Geldmangel nicht leisten*
*konnte.*

unbekannt

*Die alten Leute geben*
*gerne gute*
*Verhaltensmaßregeln, um*
*sich darüber zu trösten,*
*dass sie nicht mehr*
*imstande sind, schlechte*
*Beispiele zu geben.*

François Duc de La Rochefoucauld

*Der einzige
Geschäftszweig, bei dem
die Mehrzahl der leitenden
Funktionen von Frauen
besetzt ist, ist die Ehe.*

Robert Lembke

*Der Plural von
Lebensgefahr lautet
Lebensgefährtin.*

unbekannt

*Die Ehe ist ein Versuch,
zu zweit mit den
Problemen fertig zu
werden, die man allein
niemals gehabt hätte.*

Eli Cantor

*Die Hochzeit hat die Entführung nur deshalb abgelöst, weil niemand gern auf Geschenke verzichtet.*

Mark Twain

*Die Hochzeit ist die einzige lebenslängliche Verurteilung, bei der man aufgrund schlechter Führung begnadigt werden kann.*

Alfred Hitchcock

*Die meisten Differenzen in der Ehe entstehen dadurch, dass die Frau zu viel redet und der Mann zu wenig zuhört.*

Curt Goetz

*Die Ehe ist ein Zustand, in dem es zwei Leute weder mit- noch ohne einander längere Zeit aushalten können.*

Marie Freifrau von Ebner-Eschenbach

*Die Ehe ist das einzige Abenteuer, in das sich auch die Feigen stürzen.*

Voltaire

*Die Ehe ist das teuerste Verfahren, seine Wäsche umsonst gewaschen zu bekommen.*

Franklin P. Jones

Die Ehe ist eine gerechte
Einrichtung: Die Frau
muss jeden Tag das Essen
kochen und der Mann
muss es jeden Tag essen.

*Alberto Sordi*

Die erfahrene Hausfrau
lernt Skat. So kann sie
ihren Mann bis ins hohe
Alter reizen.

*Robert Lembke*

Die Fesseln der Ehe
werden umso erträglicher,
je hochkarätiger sie sind.

*Gerlind Fischer-Diehl*

Ein Mädchen, das einen
Soldaten heiratet, macht
keine schlechte Partie. Ein
Soldat versteht zu kochen,
kann nähen, muss gesund
sein. Und das Wichtigste:
Er ist gewöhnt zu
gehorchen!

*Charles de Gaulle*

Eine gute Ehe besteht aus
einer besseren Hälfte und
einer stärkeren Hälfte.

*Victor de Kowa*

Eine Heirat geht ja
furchtbar schnell, aber die
Scheidung ist immer so
zeitraubend.

*Brigitte Bardot*

*Eine Hochzeitsreise möchte ich gerne machen, aber lieber allein.*

Sacha Guitry

*Eine kluge Frau lernt bei- zeiten, ihren Mann ohne Grund zu bewundern.*

Margot Hielscher

*Eine Kollegin bekam neulich einen Heiratsantrag. Sie war so überrascht: sie wäre beina- he aus dem Bett gefallen.*

Robert Lembke

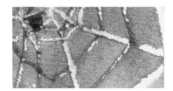

*Es gibt zwei Perioden, in denen ein Mann seine Frau nicht versteht: vor der Hochzeit und nach der Hochzeit.*

Robert Lembke

*Heirate oder heirate nicht. Du wirst beides bereuen.*

Sokrates (470-399 v. Chr.)

*Heiraten bedeutet: Seine Rechte halbieren und seine Pflichten verdoppeln.*

Arthur Schopenhauer

*Heiraten ist die erste Dummheit, die man begeht, wenn man vernünftig geworden ist.*

Karl Friedrich Wilhelm Wanderer

*Heiraten ist eine wunderbare Sache, solange es nicht zur Gewohnheit wird.*

William Somerset Maugham

*Ich kenne einen Kollegen, der nach zwanzigjähriger Ehe immer noch ein romantischer und aufmerksamer Liebhaber ist. Wehe, wenn ihm seine Frau auf die Schliche kommt.*

Robert Lembke

*In der Ehe kann man die Sorgen teilen, die man allein gar nicht hätte.*

Volksmund

*Manches Mädchen, das heiratet, macht zwei Menschen glücklich: Vater und Mutter.*

Georg Thomalla

*Sie wissen, wir leben im Zeitalter der Abkürzungen. Ehe ist die Kurzform für lateinisch „Errare humanum est" („Irren ist menschlich").*

Robert Lembke

*Späte Ehen haben den
Vorteil, dass sie nicht so
lange dauern.*

Robert Lembke

*Viele Leute, von denen
man glaubt, sie seien
gestorben, sind bloß
verheiratet.*

Françoise Sagan

*Viele Männer wissen
genau, wann und wo sie
geheiratet haben. Aber sie
haben vergessen, warum.*

Robert Lembke

*Kein kluger Mann
widerspricht seiner Frau.
Er wartet, bis sie es
selbst tut.*

Humphrey Bogart

Das Einfangen eines
Bräutigams ist in
Italien ein
Kommandounternehmen,
an dem sich die ganze
Familie beteiligt.

*Marcello Mastroianni*

Das ewige Problem der
verheirateten Frau: Wie
mache ich aus einem
Windhund einen
Neufundländer?

*Karl Farkas*

Das Geheimnis einer
glücklichen Ehe besteht
darin, dass man einander
verzeiht, sich gegenseitig
geheiratet zu haben.

*Sacha Guitry*

Viele Verlobungen enden
glücklich. Aber einige
führen doch zur Ehe.

Robert Lembke

Zu einer glücklichen Ehe
gehören meistens mehr als
zwei Personen.

Oscar Wilde

Zum Zustandekommen
einer Ehe gehören zwei
Personen: Die Braut und
ihre Mutter.

Joey Adams

*Alle Kinder haben die*
*märchenhafte Kraft, sich*
*in alles zu verwandeln, was*
*immer sie sich wünschen.*

Jean Cocteau

*Das Kind hat den*
*Verstand meistens vom*
*Vater, weil die Mutter*
*ihren noch besitzt.*

Gloria Seymour

*Das Vertrauen junger*
*Menschen erwirbt man am*
*sichersten dadurch, dass*
*man nicht ihr Vater ist.*

Henry de Montherlant

Die Universität ist eine
Einrichtung, die es Vätern
ermöglicht, ihre Söhne und
Töchter noch ein paar
Jahre vom Betrieb
fern zu halten.

*unbekannt*

Familie ist ein steuerlich
begünstigter Kleinbetrieb
zur Herstellung von
Steuerzahlern.

*Wolfram Weidner*

Glück ist, sein Kind zu
lieben. Das größte Glück
jedoch ist, von seinem
Kind geliebt zu werden.

*Helga Kolb*

*Demokratie darf nicht so weit gehen, dass in der Familie darüber abgestimmt wird, wer der Vater ist.*

Willy Brandt

*Die Kinder von heute sind Tyrannen. Sie widersprechen ihren Eltern, kleckern mit dem Essen und ärgern ihre Lehrer.*

Sokrates (470-399 v. Chr.)

*Die Mütter geben unserem Geist Wärme, die Väter Licht.*

Jean Paul

*Ich habe mein Leben lang
Angst gehabt, so zu
werden wie mein Vater.
Jetzt bin ich so, und es ist
gar nicht so schlimm.*

Manfred Krug

*Ich habe überhaupt keine
Hoffnung mehr in die
Zukunft unseres Landes,
wenn einmal unsere Jugend
die Männer von morgen
stellt. Unsere Jugend
ist unerträglich,
unverantwortlich und
entsetzlich anzusehen.*

Aristoteles (384-322 v. Chr.)

*Leicht ist es, ein Reich zu
regieren, aber schwer, eine
Familie.*

Chinesisches Sprichwort

Kinder und Uhren dürfen nicht beständig aufgezogen werden. Sie müssen auch gehen.

Jean Paul

Kinder, die man nicht liebt, werden Erwachsene, die nicht lieben.

Pearl S. Buck

Kindererziehung ist ein Beruf, wo man Zeit zu verlieren verstehen muss, um Zeit zu gewinnen.

Jean-Jacques Rousseau

Mütter sind stolzer auf ihre Kinder als Väter, da sie sicherer sein können, dass es ihre eigenen sind.

Aristoteles (384-322 v. Chr.)

Mutterglück ist das, was eine Mutter empfindet, wenn die Kinder abends im Bett sind.

Robert Lembke

Wer sich nur seiner Vorfahren rühmt, bekennt damit, dass er einer Familie angehört, die tot mehr wert ist als lebendig.

Neill Lawson

*Zigaretten sind wie
Frauen. Am Anfang
ziehen sie gut, aber zum
Schluss sammelt sich leider
auch bei der Zigarette das
ganze Gift im Mundstück.*

George Bernard Shaw

*Zu einer wirklich eleganten
Frau passt modisch alles,
nur kein armer Mann.*

Yves Montand

*Zu jungen Frauen sage ich
jetzt immer: Wenn ich Sie
letzte Woche getroffen
hätte, da wär was los
gewesen! Heute bin ich
leider schon zu alt.*

Marcello Mastroianni

*Von Frauen spricht man nicht. Man beschäftigt sich mit ihnen.*

Napoleon Bonaparte

*Weiblichkeit ist die Eigenschaft, die ich an Frauen am meisten schätze.*

Oscar Wilde

*Wenn die Frauen aus Glas wären, sie blieben doch undurchschaubar.*

unbekannt

*Wenn ein Mann einer Frau die Autotür aufhält, ist entweder das Auto neu oder die Frau.*

Henry Ford

*Frauen sind wie
Krawatten: Hat man sie
zweimal umschlungen, hat
man sie am Hals.*

unbekannt

*Jede Frau erwartet von
einem Mann, dass er hält,
was sie sich von ihm
verspricht.*

Chariklia Baxevanos

*Karriere ist etwas
Herrliches, aber man kann
sich nicht in einer kalten
Nacht an ihr wärmen.*

Marilyn Monroe

*Alles, was Sie hier sehen,
verdanke ich Spaghetti.*

Sophia Loren

*Die Frauen bemühen sich,
den Mann zu ändern, und
jammern dann, dass er
nicht mehr der alte ist.*

Barbra Streisand

*Die Frauen von heute
nehmen nicht den Ersten,
sondern den Besten.*

Werbetext

*Am Anfang widersteht
eine Frau dem Ansturm
des Mannes, und am Ende
verhindert sie seinen
Rückzug.*

Oscar Wilde

*Auch Frauen können ein
Geheimnis für sich behal-
ten, vorausgesetzt, man
erzählt es ihnen nicht.*

August Strindberg

„Was reizt Sie eigentlich noch an Ihrer Frau?" – „Jedes Wort!"

*unbekannt*

Die Männer haben oft Recht, aber die Frauen behalten Recht.

*Jeanne Moreau*

Eine Frau ist das einzige Geschenk, das sich selbst verpackt.

*Jean-Paul Belmondo*

Eine Frau kann hundert Männer täuschen, aber nicht eine einzige Frau.

*unbekannt*

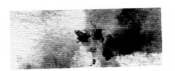

Auch nach meinem dreißigjährigen Studium habe ich immer noch nicht herausgefunden, was Frauen überhaupt wollen!

*Sigmund Freud*

Das Flüstern einer schönen Frau hört man weiter als den lautesten Ruf der Pflicht.

*Pablo Picasso*

Der Irrtum mancher Frauen liegt darin, dass sie ihren völligen Mangel an Sex-Appeal mit Tugendhaftigkeit verwechseln.

*Raquel Welch*

*Die Männer sind wichtig, aber die Frauen sind magisch.*

Cathérine Deneuve

*Die Männer würden den Frauen gerne das letzte Wort lassen, wenn sie sicher sein könnten, dass es wirklich das letzte ist.*

Sir Peter Ustinov

*Die Schönheit brauchen wir Frauen, damit uns die Männer lieben; die Dummheit, damit wir sie lieben.*

Coco Chanel

*Die meisten Frauen wählen ihr Nachthemd mit mehr Verstand als ihren Mann.*

Coco Chanel

*Die schönsten Frauen sind die, denen wir gefallen.*

Gabriel Laub

*Die schlimmste Strafe für Bigamie sind zwei Schwiegermütter.*

unbekannt

*Die schwierigste Aufgabe für eine Frau ist es, einem Mann klarzumachen, dass er ohne sie nicht leben kann.*

Grete Weiser

*Ein Pessimist ist ein
Mann, der glaubt, alle
Frauen seien unmoralisch.
Ein Optimist hofft es nur.
Ein Traum jeder Frau ist
es, der Traum eines
Mannes zu sein.*

Barbra Streisand

*Eine Dame ist eine Frau,
deren bloße Anwesenheit
zur Folge hat, dass sich
Männer wie Herren
benehmen.*

Henri Louis Mencken

*Eine Frau besitzt lieber
Schönheit als Köpfchen,
weil der
Durchschnittsmann besser
sehen als denken kann.*

unbekannt

Frauen, die lange ein Auge
zudrücken, tun's am Ende
nur noch, um zu zielen.

*Humphrey Bogart*

Frauen sind viel vernünfti-
ger als Männer. Oder
haben Sie schon eine Frau
erlebt, die einem Mann
wegen seiner
Beine nachrennt?

*Marlene Dietrich*

Frauen sind wie Elektrizität
– fasst man sie an, kriegt
man eine gewischt.

*unbekannt*

Eine gescheite Frau hat
Millionen geborener Feinde:
alle dummen Männer.

*Marie Freifrau von Ebner-Eschenbach*

*Es gibt kaum etwas
Schöneres, als den Frauen
beim Sammeln von
Erfahrungen behilflich
zu sein.*

Marcel Achard

*Es kommt gewiss nicht
bloß auf das Äußere einer
Frau an. Auch die
Dessous sind wichtig.*

Karl Kraus

*Es gibt Mädchen, die sind
nicht artig, dafür aber
großartig.*

unbekannt

*Frauen würden sich leich-
ter damit abfinden, dass
ihr Mann später nach
Hause kommt, wenn sie
sich wirklich darauf verlassen könnten, dass er nicht
früher da ist.*

Colette

*Es ist keine Kunst, ein
Mädchen zu verführen,
aber ein Glück, eines zu
finden, das es wert ist,
verführt zu werden.*

Sören Kierkegaard

*Eine Frau kauft immer
irgendetwas.*

Publius Ovidius Naso Ovid
(43 v. Chr. - 17 n. Chr.)

*Ich habe nie verstanden,
warum Frauen an
talentierten Männern
zunächst deren Fehler und
an Narren deren
Verdienste sehen.*

Pablo Picasso

*Ich kann in zwölf
Sprachen Nein sagen. Das
ist unerlässlich für eine
Frau, die weit
herumkommt.*

Sophia Loren

*Im Gegensatz zu Männern
würden Frauen ihre Fehler
sofort zugeben, wenn sie
welche hätten.*

Robert Lembke

*Kosmetik ist die Kunst,
aus der Not eine Jugend zu
machen.*

unbekannt

*Man kann davon ausge-
hen, dass jede Frau
verführt werden möchte
und sich trotzdem dagegen
sträubt, in der Hoffnung,
dass ihr das nichts nützen
wird.*

Marcello Mastroianni

*Eine Frau ist imstande,*
*einen Mann nur deshalb*
*zu lieben, weil sie ihn einer*
*anderen nicht gönnt.*

Tennessee Williams

*Man muss es aufgeben, die*
*Frauen kennen zu wollen.*

Pierre Ambroise François Choderlos
de Laclos

*Man soll Frauen nichts*
*erklären; man soll handeln.*

Erich Maria Remarque

*Männer sind in fremder,*
*Frauen in eigener Sache*
*die besseren Diplomaten.*

Sigmund Graff

Eine Junggesellin ist eine Frau, die einmal zu oft nein gesagt hat.

*Inge Meysel*

Eine kluge Frau fragt nicht, wo ihr Mann gewesen ist. Eine kluge Frau weiß es.

*Marcel Achard*

Emanzipation ist die Kunst, den Mann kleinzukriegen, aber nicht an der falschen Stelle.

*Evelyn Blythe*

Es gibt gewisse Dinge, wo ein Frauenzimmer immer schärfer sieht als hundert Augen der Mannesperson.

*Gotthold Ephraim Lessing*

*Nur der hat Glück bei den
Frauen, den diese
nicht beachten.*

Marcel Prevost

*Ohne Frauen geht es nicht.
Das hat sogar Gott
einsehen müssen.*

Eleonora Duse

*Solange man hinter einer
Frau herläuft, hat man
nichts zu befürchten.
Gefährlich wird es erst,
wenn man sie eingeholt hat.*

Burt Lancester

*Wenn die Frauen
verblühen, verduften
die Männer.*

unbekannt

*Wer Glück hat, trifft einen Freund; wer Unglück hat, eine schöne Frau.*

Chinesisches Sprichwort

*Wer nicht die Frauen hinter sich hat, bringt es in der Welt zu keinem Erfolg.*

Oscar Wilde

*Wer eine Frau unterschätzt hat, wird das nie wieder tun.*

Alec Guinness

*Wie kann ein Mann wissen, was er an einer Frau findet, wenn sie ihn nicht suchen lässt?*

Robert Lembke

Wenn ein Mann will, dass
seine Frau zuhört, braucht
er nur mit einer anderen
zu reden.

Liza Minelli

Wenn eine Frau viel
ausgibt, beweist das nur,
dass sie eben manches
lieber mag als Geld.

Michèle Morgan

Wenn man mit einer
jungen Dame vom Wetter
redet, vermutet sie, dass
man etwas ganz anderes
im Sinn hat. Und meistens
hat sie damit Recht.

Oscar Wilde

Wenn Männer sich mit
ihrem Kopf beschäftigen,
nennt man das denken.
Wenn Frauen das Gleiche
tun, heißt das frisieren.

Anna Magnani

Wir Frauen verlieben uns
immer in den gleichen Typ
von Mann. Das ist unsere
Form von Monogamie.

Lauren Bacall

Eine Frau zu heiraten, weil
man sie liebt, ist zwar eine
Entschuldigung, aber kein
Grund.

Robert Lembke

Eine Frau, die ihr „Nein"
begründet, hat es bereits
halb zurückgenommen.

Sigmund Graff

Ältere Freundschaften
haben vor neuen haupt-
sächlich das voraus, dass
man sich schon viel
verziehen hat.

*Johann Wolfgang von Goethe*

Nichts ist besser verkauft,
als was man einem echten
Freund, der es bedarf,
schenkt.

*Aus China*

Für ein gutes
Tischgespräch kommt es
nicht so sehr darauf an,
was sich auf dem Tisch,
sondern was sich auf den
Stühlen befindet.

*Walter Matthau*

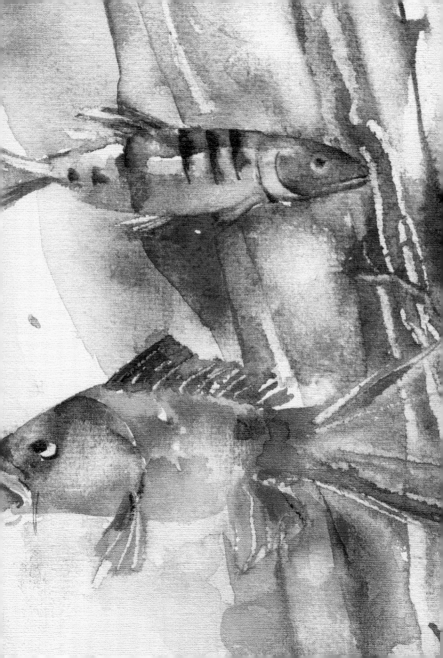

*Ein kluger Feind ist mir lieber als ein dummer Freund.*

Chinesisches Sprichwort

*Ein Lächeln ist oft das Wesentliche.*

Antoine de Saint-Exupéry

*Ein Nachbar ist ein Mensch, der die geliehene Schneeschaufel zurückbringt, wenn er sich den Rasenmäher ausleiht.*

unbekannt

*Es gibt Besucher, die immer zur falschen Zeit kommen – wenn man gerade zu Hause ist.*

Robert Lembke

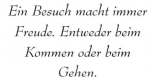

Alkohol ist der einzige
Feind, den der Mensch
wirklich lieben gelernt hat.

Robert Lembke

Das beste Tischgespräch
ist das Schweigen
schwelgender Gäste.

Chinesisches Sprichwort

Das Wesen eines
Menschen hängt vom
Einfluss guter oder
schlechter Freunde ab.

unbekannt

Der kürzeste Weg
zwischen zwei Menschen
ist ein Lächeln.

Sprichwort

Ein Besuch macht immer
Freude. Entweder beim
Kommen oder beim
Gehen.

Aus Portugal

Ein Bettler ist jemand, der
sich auf die Hilfe seiner
Freunde verlassen hat.

Ambrose Bierce

Ein Freund ist ein
Mensch, vor dem man laut
denken kann.

Ralph Waldo Emerson

Ein Gastgeber ist wie ein
Feldherr: Erst wenn etwas
schiefgeht, zeigt sich
sein Talent.

Horaz
(65-8 v. Chr.)

Die besten Freunde sind
diejenigen, mit denen man
über dieselben Dinge
schweigen kann.

*unbekannt*

Ehe man anfängt, seine
Feinde zu lieben, sollte
man seine Freunde besser
behandeln.

*Mark Twain*

Ein Abend, an dem sich
alle Anwesenden einig
sind, ist ein verlorener
Abend.

*Albert Einstein*

Gott segne den, der
Besuche macht – aber
kurze.

*Arabisches Sprichwort*

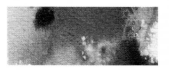

Es gibt nur ein Problem,
das schwieriger ist als
Freunde zu gewinnen: sie
wieder loszuwerden.

*Mark Twain*

Freundschaft fließt aus
vielen Quellen, am reinsten
aber aus dem Respekt.

*Daniel Defoe*

Freundschaft ist eine Seele
in zwei Körpern.

*Aristoteles (384-322 v. Chr.)*

Freundschaft ist Liebe
mit Verstand.

*Bruyère*

*Ich stelle als Tatsache fest,
dass, wenn alle Menschen
wüssten, was jeder über
den anderen sagt, es
keine vier Freunde in
der Welt gäbe.*

Blaise Pascal

*In der Wahl seiner Feinde
kann man gar nicht
vorsichtig genug sein.*

Oscar Wilde

*Jedermann kann für die
Leiden eines Freundes
Mitgefühle aufbringen. Es
bedarf aber eines wirklich
edlen Charakters, um sich
über die Erfolge eines
Freundes zu freuen.*

Oscar Wilde

*Keine Straße ist lang mit einem Freund an deiner Seite.*

Japanisches Sprichwort

*Man wird in der Regel keinen Freund dadurch verlieren, dass man ihm ein Darlehn abschlägt, aber sehr leicht dadurch, dass man es ihm gibt.*

Arthur Schopenhauer

*Mit vielen lässt sich schmausen, mit wenig lässt sich hausen.*

Johann Wolfgang von Goethe

*Vergib stets deinen Feinden. Nichts ärgert sie so.*

Oscar Wilde

*Nicht da ist man daheim, wo man seinen Wohnsitz hat, sondern wo man verstanden wird.*

Christian Morgenstern

*Nimm dir Zeit für deine Freunde, sonst nimmt die Zeit dir deine Freunde.*

unbekannt

*Ehe du ein Haus kaufst, erkundige dich nach den Nachbarn.*

Volksmund

*Schön ist´s, wenn wir Freunde kommen sehn. Schön ist es ferner, wenn sie bleiben und sich mit uns die Zeit vertreiben. Doch wenn sie schließlich wieder gehn, ist's auch recht schön.*

Wilhelm Busch

*Vergib deinen Feinden, aber vergiss niemals ihre Namen.*

John F. Kennedy

*Vieles kann der Mensch entbehren, nur den Menschen nicht.*

Ludwig Börne

*Wer Freude genießen will,
muss sie teilen. Das Glück
wurde als Zwilling geboren.*

Lord Byron

*Wer Freunde ohne Fehler
sucht, bleibt ohne Freund.*

Aus Arabien

*Wer keine Freunde hat,
lebt nur zur Hälfte.*

Aus Frankreich

*Wie fruchtbar ist der
kleinste Kreis, wenn man
ihn wohl zu pflegen weiß.*

Johann Wolfgang von Goethe

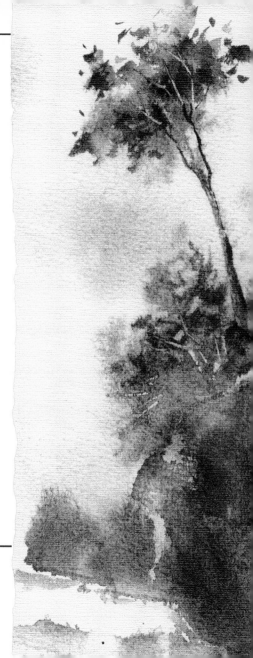

*Wenn die Gäste sich wie
zu Hause fühlen,
benehmen sie sich
leider auch so.*

Danny Kaye

*Wenn du Menschen
fischen willst, so musst du
dein Herz an die
Angel stecken;
dann beißen sie an.*

Gottfried Keller

*Wenn man erfolgreich ist,
dann überschlagen sich die
Freunde, aber erst wenn
man einen Misserfolg hat,
freuen sie sich wirklich.*

Harry S. Truman

Ein geistreicher Mensch
wäre oft recht in
Verlegenheit ohne die
Gesellschaft der
Dummköpfe.

François Duc de La Rochefoucauld

Es gibt Leute, die geizen
mit ihrem Verstand wie
andere mit ihrem Geld.

Ludwig Börne

Geist ist die Jugend des
Alters.

Emanuel Wertheimer

Wo Verstand ist, da
braucht es nicht
viele Worte.

*Sprichwort*

Wenn der Mensch
nicht über das nachdenkt,
was in ferner Zukunft
liegt, wird er das schon in
naher Zukunft bereuen.

*Konfuzius (um 551-479 v. Chr.)*

Wenn der Mensch so viel
Vernunft hätte wie
Verstand, wäre alles
viel einfacher.

*L. C. Pauling*

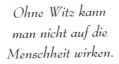

Nichts auf der Welt ist so gerecht verteilt wie der Verstand. Denn jedermann ist überzeugt, dass er genug davon habe.

René Descartes

Ich habe mir nie eine Erziehung durch Schulbildung verderben lassen.

Mark Twain

Ohne Witz kann man nicht auf die Menschheit wirken.

Ludwig Börne

Wer sich ständig von Vernunft leiten lässt, ist nicht vernünftig.

Charles Tschopp

Man braucht nicht geistreich zu sein, um zu beweisen, dass man begabt ist. Aber man braucht viel Geist, um zu verbergen, dass man keine Begabung hat.

Marcel Achard

Als ich klein war, glaubte
ich, Geld sei das
Wichtigste im Leben.
Heute, da ich alt bin, weiß
ich: Es stimmt.

*Oscar Wilde*

Das einzige, was man
ohne Geld machen kann,
sind Schulden.

*Karl Pisa*

Dem Geld darf man nicht
nachlaufen. Man muss
ihm entgegengehen.

*Aristoteles Onassis*

Geld ist nicht so wichtig.
Darum ist es mir völlig
egal, ob ich 70 oder 50
Millionen Dollar besitze.

*Arnold Schwarzenegger*

Geld macht nicht glücklich,
aber man wird besser mit
dem Unglück fertig, wenn
man nicht arm ist.

*unbekannt*

Geld nennt man heute
Knete, weil man jeden
damit weich bekommt.

*Gerhard Uhlenbruck*

Geldgeschenke sind
fantasielos. Vor
allem kleine.

*Werner Mitsch*

*Ich würde gern leben wie ein armer Mann mit einem Haufen Geld.*

Pablo Picasso

*Kaum hat mal einer ein bissel was, gleich gibt es welche, die ärgert das.*

Wilhelm Busch

*Um ein Darlehen zu bekommen, muss man erst beweisen, dass man keines braucht.*

unbekannt

*Man soll den Scheck nicht vor der Buchung loben.*

Werner Mitsch

*Gott, vergib mir meine Schuld, meine Gläubiger weigern sich.*

unbekannt

*Wem das Geld zu Kopf steigt, der hat keinen.*

Aristoteles Onassis

*Wenn man arbeitet, hat man keine Zeit, Geld zu verdienen.*

Jüdisches Sprichwort

*Wer alles bloß des Geldes wegen tut, wird bald des Geldes wegen alles tun.*

unbekannt

*Wo kein Geld, da kein*
*Schweizer.*

Jean Racine

*Geld hat bestechende*
*Eigenschaften.*

Werner Mitsch

*Willst du den Wert des*
*Geldes erkennen, versuche,*
*dir welches zu borgen.*

Benjamin Franklin

*Die einzige Möglichkeit,*
*ein Spielkasino mit einem*
*kleinen Vermögen zu*
*verlassen, besteht darin, es*
*mit einem großen*
*zu betreten.*

Mireille Dark

*Die Phönizier haben das Geld erfunden. Warum bloß so wenig?!*

Johann Nepomuk Nestroy

*Ein gesunder Mensch ohne Geld ist halb krank.*

Johann Wolfgang von Goethe

*Geld allein macht nicht glücklich, man muss es auch haben.*

unbekannt

*Geld allein macht nicht glücklich. Es gehören auch noch Aktien, Gold und Grundstücke dazu.*

Danny Kaye

*Auch aus Steinen, die in
den Weg gelegt werden,
kann man Schönes bauen.*

Johann Wolfgang von Goethe

*Ein Mensch schaut in die
Zeit zurück und sieht: Sein
Unglück war
sein Glück.*

Eugen Roth

*Das Glück ist nur ein
Traum, und der Schmerz
ist wirklich.*

Voltaire

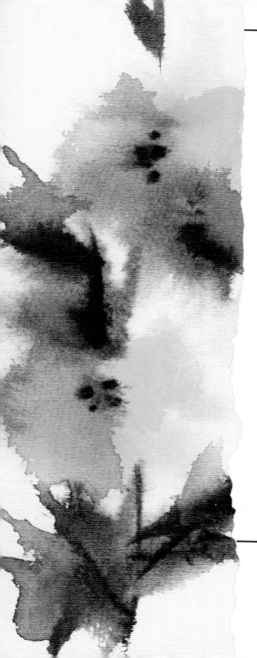

Es ist seltsam, wie wenig
ein Mensch braucht, um
glücklich zu sein – und
noch seltsamer, dass einem
gerade das Wenige fehlt.

*unbekannt*

Für angenehme
Erinnerungen muss man
im Voraus sorgen.

*Paul Hörbiger*

Glück hilft nur manchmal
– Arbeit immer.

*Fernöstliche Weisheit*

Glück ist das einzige, das
sich verdoppelt, wenn man
es teilt.

*unbekannt*

*Glück ist der Stuhl, der plötzlich dasteht, wenn man sich zwischen zwei andere setzen wollte.*

unbekannt

*Glück ist etwas, das man zum ersten Mal wahrnimmt, wenn es sich mit großem Getöse verabschiedet.*

Marcel Achard

*Glück, das ist eine gute Gesundheit und ein schlechtes Gedächtnis.*

Ingrid Bergmann

*Eine geliebte Frau in den Armen halten! Das ist das Äußerste an menschlichem Glück.*

Guy de Maupassant

*Einer der sichersten Wege, seine Freiheit zu vergrößern, ist, seine Wünsche zu verkleinern.*

Peter Horton

*Es gibt erfülltes Leben trotz vieler unerfüllter Wünsche.*

Dietrich Bonhoeffer

*Es ist ein ungeheures Glück, wenn man fähig ist, sich freuen zu können.*

George Bernard Shaw

Kein Mensch kann
wunschlos glücklich sein,
denn das Glück besteht ja
gerade im Wünschen.

*Attila Hörbiger*

Man muss das Unglück
mit Händen und Füßen
und nicht mit dem Maul
angreifen.

*Johann Heinrich Pestalozzi*

Man soll dort bleiben,
wo man sich glücklich
fühlt. Glück ist ein
transportempfindliches
Möbelstück.

*William Somerset Maugham*

Glück allein macht auch
nicht reich.

*unbekannt*

*Das einzige Mittel, das
Leben zu ertragen, ist, es
schön zu finden.*

Rudolf Leonhard

*Pechvögel sind die einzige
nicht aussterbende
Vogelart.*

unbekannt

*Viele Menschen versäu-
men das kleine Glück,
weil sie auf das große
vergeblich warten.*

Pearl S. Buck

*Wende dein Gesicht der
Sonne zu, dann fallen die
Schatten hinter dich!*

Aus Thailand

*Alles Wahre ist so einfach,*
*dass es eigentlich nur ein*
*Dummkopf verstehen*
*kann. Darum haben*
*es ja die klugen*
*Köpfe so schwer.*

Karl Heinrich Waggerl

*Am Abend wird man klug*
*für den vergangenen Tag,*
*doch niemals klug für den,*
*der kommen mag.*

Friedrich Rückert

*Besser mit Klugen in der*
*Hölle als mit Narren im*
*Paradies.*

Aus Bulgarien

Der Mangel an Urteilskraft ist eigentlich das, was man Dummheit nennt, und einem solchen Gebrechen ist gar nicht abzuhelfen.

*Immanuel Kant*

Der schlimmste Mensch ist der, dessen Zunge schärfer ist als der Verstand.

*Mosche Ibn Esra*

Der Verstand und die Fähigkeit, ihn zu gebrauchen, sind zwei verschiedene Gaben.

*Franz Grillparzer*

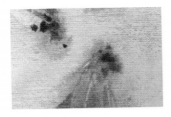

Die Berühmtheit mancher
Zeitgenossen hängt mit der
Blödheit der Bewunderer
zusammen.

*Heiner Geissler*

Der Vorteil der Klugheit
liegt darin, dass man
sich dumm stellen kann.
Das Gegenteil ist
schon schwieriger.

*Kurt Tucholsky*

Die Dummen haben das
Pulver nicht erfunden, aber
sie schießen damit.

*Gerhard Uhlenbruck*

Der Weise schämt sich
nicht, Niedere zu fragen.

*unbekannt*

Die gefährlichste Sorte
von Dummheit ist ein
scharfer Verstand.

*Hugo von Hofmannsthal*

Der Wunsch, klug zu
erscheinen, verhindert oft,
es zu werden.

*François Duc de La Rochefoucauld*

Die Törichten besuchen
in den fremden Ländern
die Museen. Die
Weisen aber gehen
in die Tavernen.

*Erich Kästner*

Dummheit, die man bei
andern sieht, wirkt meist
erhebend auf's Gemüt.

*Wilhelm Busch*

Ein Kluger bemerkt alles.
Ein Dummer macht über
alles eine Bemerkung.

*Heinrich Heine*

Ein kluger Mann
findet immer Zeit für
Dummheiten.

*Jiri Novak*

Ein kluger Mann macht
nicht alle Fehler selber.
Er gibt auch anderen
eine Chance.

*Winston Churchill*

Es gibt viele Menschen,
die sich einbilden, was
sie erfahren, das
verstünden sie auch.

*Johann Wolfgang von Goethe*

Es ist ein Jammer, dass
die Dummköpfe so
selbstsicher sind und die
Klugen voller Zweifel.

*Bertrand Russel*

Es kommt nicht darauf
an, mit dem Kopf durch
die Wand zu gehen,
sondern mit den Augen
die Tür zu finden.

*Werner von Siemens*

*Im Glanze des Geldes
scheint selbst ein
Dummkopf klug.*

unbekannt

*Klugheit steckt nicht in
den Jahren, sondern im
Kopf.*

Aus Armenien

*Lache nie über die
Dummheit der anderen.
Sie kann deine Chance
sein.*

Winston Churchill

*Man muss nicht das
Gescheitere tun, sondern
das Bessere.*

Jakob Boßhart

Manche Menschen
wollen immer glänzen,
obwohl sie keinen
Schimmer haben.

*Heinz Erhardt*

Niemand auf der Welt
bekommt so viel dummes
Zeug zu hören wie die
Bilder in einem Museum.

*Jules de Goncourt*

Nur zwei Dinge sind
unendlich, das Weltall
und die menschliche
Dummheit. Beim
Weltall bin ich mir aber
nicht ganz sicher.

*Albert Einstein*

Ob ein Mensch klug
ist, erkennt man viel
besser an seinen Fragen
als an seinen Antworten.

*Mirepoix De Levis*

Oft erkennt man, wie
dumm man war, aber nie,
wie dumm man ist.

*Frederik Schiff*

Sie werden es nicht
glauben, aber es gibt
soziale Staaten, die von
den Klügsten regiert
werden. Das ist bei
den Pavianen der Fall.

*Konrad Lorenz*

82

*Das Recht auf Dummheit
gehört zur Garantie der
freien Entfaltung der
Persönlichkeit.*

Mark Twain

*Der Kluge lässt sich
belehren, der Unkluge
weiß alles besser.*

unbekannt

*Der Klügere gibt
nach! Eine traurige
Wahrheit. Sie begründet
die Vielherrschaft der
Dummen.*

Marie Freifrau von Ebner-Eschenbach

*Der Klügere gibt so
lange nach, bis er der
Dümmere ist.*

unbekannt

Toren und gescheite Leute
sind gleich unschädlich.
Nur die Halbnarren und
die Halbweisen, das sind
die Gefährlichen.

*Johann Wolfgang von Goethe*

Viele Menschen sind zu
gut erzogen, um mit
vollem Mund zu sprechen,
aber sie haben keine
Bedenken, es mit leerem
Kopf zu tun.

*Oscar Wilde*

Wenn andre klüger sind
als wir, das macht uns
selten nur Pläsier, doch
die Gewissheit, dass sie
dümmer, erfreut
fast immer.

*Wilhelm Busch*

*Wenn die Klügeren
nachgeben, regieren die
Dummköpfe die Welt.*

Jean Claude Riber

*Wer die Dummköpfe
gegen sich hat, verdient
Vertrauen.*

Jean-Paul Sartre

*Oft genügt Primitivität,
um gegen Schlauheit
gefeit zu sein.*

François Duc de La Rochefoucauld

*Alle Menschen sind
klug. Die einen vorher,
die anderen nachher.*

unbekannt

*Alle Autorität, die
ich besitze, beruht einzig
darauf, dass ich weiß, was
ich nicht weiß.*

Sokrates (470-399 v. Chr.)

*Alle unsere Streitigkeiten
entstehen daraus, dass
einer dem anderen seine
Ansichten aufzwingen will.*

Mahatma Ghandi

*Auf zweierlei sollte
man sich nie verlassen:
Wenn man Böses tut,
dass es verborgen bleibt;
wenn man Gutes tut,
dass es bemerkt wird.*

Ludwig Fulda

*Das sicherste Mittel, arm zu bleiben, ist, ein ehrlicher Mann zu sein.*

Napoleon Bonaparte

*Dem Neid wirst du entgehen, wenn du verstehst, dich im Stillen zu freuen.*

Lucius Annaeus Seneca
(4 v. Chr. - 65 n. Chr.)

*Der Erfolg besteht manchmal in der Kunst, das für sich zu behalten, was man nicht weiß.*

Sir Peter Ustinov

*Der Fleißige hat immer Zeit.*

Alfred Herrhausen

*Aus der Kriegsschule des Lebens – Was mich nicht umbringt, macht mich härter.*

Friedrich Nietzsche

*Besessenheit ist der Motor, Verbissenheit die Bremse.*

Rudolf Nurejew

*Bildung ist jenseits aller Standesunterschiede.*

Konfuzius (um 551-479 v. Chr.)

*Das ganze Geheimnis, sein Leben zu verlängern, besteht darin, es nicht zu verkürzen.*

Ernst Freiherr von Feuchtersleben

*Der Frieden kommt durch Verständigung, nicht durch Vereinbarung.*

Arabisch

*Der größte Reichtum ist Selbstgenügsamkeit. – Die größte Frucht der Selbstgenügsamkeit ist die Unabhängigkeit.*

Epikur von Samos (341-271 v. Chr.)

*Der Mensch lernt, solange er lebt, und stirbt doch unwissend.*

Jugoslawisches Sprichwort

*Der Narr tut, was er nicht lassen kann, der Weise lässt, was er nicht tun kann.*

Fernöstliche Weisheit

*Die kleinen Zimmer oder
Behausungen lenken
den Geist zum Ziel, die
großen lenken ihn ab.*

Leonardo da Vinci

*Die meisten Fehler
machen Unternehmen,
wenn es ihnen gut geht,
und nicht, wenn es ihnen
schlecht geht.*

Alfred Herrhausen

*Die Welt lebt von
Menschen, die mehr tun
als ihre Pflicht.*

Ewald Balser

*Dumme Gedanken hat
jeder. Nur der Weise
verschweigt sie.*

Wilhelm Busch

*Der Philosoph wie der Hausbesitzer hat immer Reparaturen.*

Wilhelm Busch

*Die Bildung kommt nicht vom Lesen, sondern vom Nachdenken über das Gelesene.*

Carl Hilty

*Die schönste Freude erlebt man immer da, wo man sie am wenigsten erwartet hat.*

Antoine de Saint-Exupéry

*Die eine Hälfte des Lebens ist Glück, die andere Disziplin.*

Carl Zuckmayer

*Die verstehen sehr wenig, die nur das verstehen, was sich erklären lässt.*

Marie Freifrau von Ebner-Eschenbach

*Die gesundeste Turnübung ist das rechtzeitige Aufstehen vom Esstisch.*

Giorgio Pasetti

*Das Ideal der Gleichheit ist deshalb so schwer, weil die Menschen Gleichheit nur mit jenen wünschen, die über ihnen stehen.*

John B. Priestley

*Eher muss man darauf
achten, mit wem man
isst und trinkt, als was
man isst und trinkt.*

Lucius Annaeus Seneca
(4 v. Chr. - 65 n. Chr.)

*Eigentlich weiß man nur,
wenn man wenig weiß. Mit
dem Wissen wächst der
Zweifel.*

Johann Wolfgang von Goethe

*Ein Buch, das man liebt,
darf man nicht leihen,
sondern muss es besitzen.*

Friedrich Nietzsche

*Ein Geschäft eröffnen, ist
leicht. Schwer ist, es geöff-
net zu halten.*

Chinesisches Sprichwort

*Ein fröhliches Herz ist die
beste Arznei, ein
gedrücktes Gemüt dörrt
das Gebein aus.*

Altes Testament

*Ein Pfund Mut ist mehr
wert als eine Tonne Glück.*

James A. Garfield

*Ein Geschäft, das man
nicht macht, ist nicht
unbedingt ein schlechtes
Geschäft.*

Justus Dornier

*Ein Tag ohne Lächeln ist
ein verlorener Tag.*

Charly Chaplin

93

Ein wahrhaft großer
Mann wird weder einen
Wurm zertreten noch vor
dem Kaiser kriechen.

*Benjamin Franklin*

Ein Zwerg auf den
Schultern eines Riesen
kann weiter sehen
als der Riese.

*Hans Jakob Wilhelm Heinse*

Eine Gesellschaft von
Schafen muss mit der
Zeit eine Regierung von
Wölfen hervorbringen.

*Bertrand de Jouvenel*

Eine Reise von tausend
Meilen beginnt auch nur
mit einem Schritt.

*Sprichwort*

Es geht den Büchern wie
den Jungfrauen. Gerade
die besten bleiben oft am
längsten sitzen.

*Ludwig Feuerbach*

Es gibt Wichtigeres im
Leben, als beständig
dessen Geschwindigkeit
zu erhöhen.

*Mahatma Ghandi*

Es gibt zwei Wege für den
Aufstieg: Entweder man
passt sich an oder man
legt sich quer.

*Konrad Adenauer*

*Erfahrung ist nicht das,
was mit einem Menschen
geschieht, sondern das,
was er daraus macht.*

Aldous Huxley

*Erfahrungen – das sind
die vernarbten Wunden
unserer Dummheit.*

John Osborne

*Erfolg ersetzt alle
Argumente.*

Sigmund Graff

*Das beste Mittel, um
getäuscht zu werden,
ist, sich für schlauer zu
halten als die anderen.*

François Duc de La Rochefoucauld

Es ist die höchste
Kunst, das Komplizierte
einfach darzustellen.

*Felix von Eckard*

Es ist leichter, anderen
mit Weisheiten zu dienen,
als sich selbst.

*François Duc de La Rochefoucauld*

Es ist mehr wert, jederzeit
die Achtung der Menschen
zu haben, als gelegentlich
ihre Bewunderung.

*Jean-Jacques Rousseau*

Hohe Bildung kann man
dadurch beweisen, dass
man die kompliziertesten
Dinge auf einfache Art zu
erläutern versteht.

*unbekannt*

Geistlose kann man
nicht begeistern, aber
fanatisieren kann man sie.

*Marie Freifrau von Ebner-Eschenbach*

Gelassenheit ist die
angenehmste Form des
Selbstbewusstseins.

*Marie Freifrau von Ebner-Eschenbach*

Gesundheit ist nicht alles,
aber ohne Gesundheit ist
alles nichts.

*Arthur Schopenhauer*

Fordere viel von dir selbst
und erwarte wenig von
anderen. So wird dir viel
Ärger erspart bleiben.

*Konfuzius (um 551-479 v. Chr.)*

Es ist nicht genug zu
wissen, man muss
auch anwenden.

*Johann Wolfgang von Goethe*

Es ist wichtiger, Fragen
stellen zu können, als
auf alles eine Antwort
zu wissen.

*James Thurber*

Es ist besser zu schweigen
und alle glauben zu lassen,
man sei ein Trottel, als den
Mund aufzumachen und
alle Zweifel zu beseitigen.

*unbekannt*

Gib jedem Tag die
Chance, der schönste
deines Lebens zu werden.

*Mark Twain*

*Höflichkeit ist wie ein
Luftkissen: Es mag
wohl nichts drin sein,
aber sie mildert die
Stöße des Lebens.*

Arthur Schopenhauer

*Humor ist die Fähigkeit,
heiter zu bleiben, wenn es
ernst wird.*

Ernst Penzoldt

*Wir glauben nicht leicht,
was über unseren
Horizont hinausgeht.*

François Duc de La Rochefoucauld

*Es ist das Herz, das gibt.
Die Hände geben nur her.*

Aus Zaire

*Große Geister sagen in
wenigen Worten viel, kleine
in vielen nichts.*

François Duc de La Rochefoucauld

*Grundsätzliche
Zustimmung ist die
höflichste Form der
Ablehnung.*

Robert Lembke

*Güte ist, wenn man das
leise tut, was die anderen
laut sagen.*

Friedl Beutelrock

*Held kann man sein,
auch ohne die Erde
zu verwüsten.*

N. Boileau-Despréaux

*In jedem Beruf ist der
erste Schritt zum Erfolg,
sich dafür zu interessieren.*

Wilhelm Osler

*Je leichter ein Buch zu
lesen ist, desto schwerer
wurde es geschrieben.*

Johannes Mario Simmel

*Keine Zukunft vermag
gutzumachen, was du in
der Gegenwart versäumst.*

Albert Schweitzer

*Lächeln ist die eleganteste
Art, seinen Gegnern die
Zähne zu zeigen.*

Werner Finck

*Leben muss man
das Leben vorwärts,
verstehen kann man es
nur rückwärts.*

Sören Kierkegaard

*Lehren heißt: Die Dinge
zweimal lernen.*

Joseph Joubert

*Lernen und nicht denken
ist nichtig. Denken und
nicht lernen ist gefährlich.*

Konfuzius (um 551-479 v. Chr.)

*Ich werde älter und höre
doch nicht auf, immer
noch viel zu lernen.*

Solon

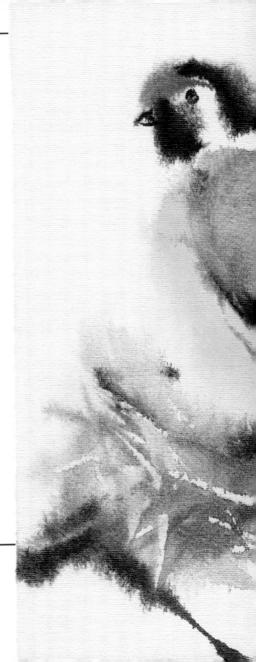

Man ist nicht gut und klug,
bloß weil man arm ist.

*Erich Kästner*

Man kann sich das Leben
auch durch zu großen
Ernst verscherzen.

*Peter Sirius*

Man macht sich durch
Eigenschaften, die man
hat, nie so lächerlich als
durch die, welche man
haben möchte.

*François Duc de La Rochefoucauld*

Man sollte es nicht für
möglich halten, aber auch
die Tugenden müssen ihre
Grenzen haben.

*Immanuel Kant*

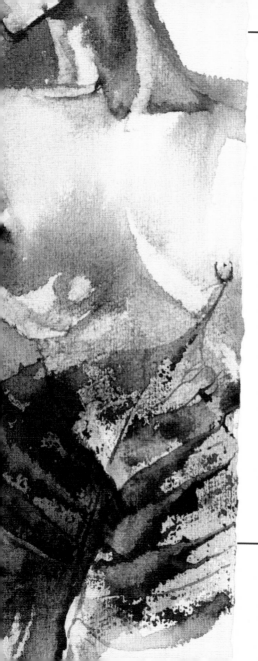

*Manche Leute sprechen
aus Erfahrung, und
manche aus
Erfahrung nicht.*

Curt Goetz

*Menschen irren, aber nur
große Menschen erkennen
den Irrtum.*

August von Kotzebue

*Menschen, die etwas zu
sagen haben, werden
keine Redner.*

Finley Peter Dunne

*Mittelmäßige Geister
verurteilen gewöhnlich
alles, was über ihren
Horizont geht.*

François Duc de La Rochefoucauld

*Mögen wir noch so viele Eigenschaften haben, die Welt achtet nur auf unsere schlechten.*

Molière

*Natürlicher Verstand kann fast jeden Grad von Bildung ersetzen, aber keine Bildung den natürlichen Verstand.*

Arthur Schopenhauer

*Siehst du einen Riesen, so prüfe den Stand der Sonne und gib Acht, ob es nicht der Schatten eines Zwerges ist.*

Friedrich Nietzsche

*Nicht reich muss man sein, sondern unabhängig.*

André Kostolany

*Nichts wird so leicht für Übertreibung gehalten wie die Schilderung der reinen Wahrheit.*

Joseph Conrad

*Nur wenige sind es wert, dass man ihnen widerspricht.*

Ernst Jünger

*Nur wer selbst brennt, kann Feuer in anderen entfachen.*

Augustinus

*Wer sich zu viel mit kleinen
Dingen abgibt,
wird gewöhnlich unfähig
zu großen.*

François Duc de La Rochefoucauld

*Wer sich zu wichtig ist für
kleine Arbeiten, ist
meist zu klein für
wichtige Arbeiten.*

Jacques Tati

*Wer wenig bedarf, kommt
nicht in die Lage, auf
vieles verzichten zu müssen.*

Plutarch

*Wie wenig wir wissen,
erkennen wir, wenn unsere
Kinder anfangen
zu fragen.*

Amerikanisches Sprichwort

*Ohne den Staub, worin
er aufleuchtet, wäre der
Sonnenstrahl nicht
sichtbar.*

André Gide

*Sage nicht alles, was du
weißt, aber wisse immer,
was du sagst.*

Matthias Claudius

*Stärke entspringt nicht aus
physischer Kraft, sondern
aus einem unbeugsamen
Willen.*

Mahatma Ghandi

*Stil ist richtiges Weglassen
des Unwesentlichen.*

Anselm Feuerbach

*Wir lernen aus Erfahrung,*
*dass die Menschen nicht*
*aus Erfahrung lernen.*

George Bernard Shaw

*Suche nicht andere,*
*sondern dich selbst zu*
*übertreffen.*

Marcus Tullius Cicero (106-43 v. Chr.)

*Toleranz heißt: die Fehler*
*der anderen entschuldigen.*
*Takt heißt: sie nicht*
*bemerken.*

Arthur Schnitzler

*Tugend nennt man die*
*Summe der Dinge, die*
*wir aus Trägheit, Feigheit*
*oder Dummheit nicht*
*getan haben.*

Henry Miller

Übertriebene
Bescheidenheit ist auch
Eitelkeit.

*August von Kotzebue*

Überzeugungen sind
gefährlichere Feinde der
Wahrheit als Lügen.

*Friedrich Nietzsche*

Unsere Weisheit kommt
aus unserer Erfahrung.
Unsere Erfahrung kommt
aus unseren Dummheiten.

*Sacha Guitry*

Verantwortlich ist man
nicht nur für das, was man
tut, sondern auch für das,
was man nicht tut.

*Laotse (4.-3. Jh. v. Chr.)*

Was du für den Gipfel
hältst, ist nur eine Stufe.

*Lateinischer Spruch*

Was man besonders gerne
tut, ist selten ganz
besonders gut.

*Wilhelm Busch*

Was wir wissen, ist ein
Tropfen, was wir nicht
wissen – ein Ozean.

*Isaac Newton*

106

*Wenn man nicht verlieren kann, verdient man auch nicht, zu gewinnen.*

Edward Kennedy

*Wenn man seine Ruhe nicht in sich findet, ist es zwecklos, sie anderswo zu suchen.*

François Duc de La Rochefoucauld

*Wenn man Spaß an einer Sache hat, dann nimmt man sie auch ernst.*

Gerhard Uhlenbruck

*Wer andere besiegt, hat Muskelkräfte. Wer sich selbst besiegt, ist stark.*

Laotse (4.-3. Jh. v. Chr.)

Wer den Tag mit Lachen
beginnt, hat ihn bereits
gewonnen.

*Tschechisches Sprichwort*

Wer eine Wahrheit
verbergen will, braucht sie
nur offen auszusprechen —
sie wird einem ja doch
nicht geglaubt.

*Charles Talleyrand*

Wer immer die Wahrheit
sagt, kann sich
ein schlechtes Gedächtnis
leisten.

*Theodor Heuss*

Wer kämpft, kann
verlieren, wer nicht kämpft,
hat schon verloren.

*Antoine de Saint-Exupéry*

*Wer ohne jede Narrheit
lebt, ist weniger weise
als er glaubt.*

François Duc de La Rochefoucauld

*Wer sich gar zu leicht
bereit findet, seine Fehler
einzusehen, ist selten der
Besserung fähig.*

Marie Freifrau von Ebner-Eschenbach

*Wer sich ärgert, büßt die
Sünden anderer Leute.*

Konrad Adenauer

*Wir leben alle unter dem
gleichen Himmel, aber
wir haben nicht alle den
gleichen Horizont.*

Konrad Adenauer

*Wer lächelt, statt zu toben,
ist immer der Stärkere.*

Japanische Weisheit

*Wer nicht genießt, wird
ungenießbar.*

Konstantin Wecker

*Wer nicht liebt Wein,
Weiber und Gesang,
der bleibt ein Narr sein
Leben lang.*

Martin Luther

*Wer nichts weiß, muss
alles glauben.*

Marie Freifrau von Ebner-Eschenbach

*Wer ohne Grund traurig
ist, hat Grund, traurig
zu sein.*

Françoise Sagan

Schön ist alles, was man
mit Liebe betrachtet.

*Christian Morgenstern*

Liebe besteht nicht
darin, dass man einander
ansieht, sondern, dass man
gemeinsam in die gleiche
Richtung blickt.

*Antoine de Saint-Exupéry*

Wer nicht mehr liebt und
nicht mehr irrt, der lasse
sich begraben.

*Johann Wolfgang von Goethe*

*Die Liebe ist ein*
*Zeitvertreib, man nimmt*
*dazu den Unterleib.*

Erich Kästner

*Die Liebe ist ewig, solange*
*sie dauert.*

Vinicius de Moraes

*Die Liebe beginnt damit,*
*dass man sich selbst*
*betrügt, und sie endet*
*damit, dass man*
*andere betrügt.*

Oscar Wilde

*Ein Kuss ist eine Sache,*
*für die man beide*
*Hände braucht.*

Mark Twain

*Ein Berater ist ein Mann, der 69 Liebespositionen kennt, aber kein einziges Mädchen.*

unbekannt

*Ein Irrtum, welcher weit verbreitet und manchen Jüngling irreleitet, ist der, dass Liebe eine Sache, die immer viel Vergnügen mache.*

Wilhelm Busch

*Wir alle benutzen einander und nennen es Liebe.*

Tennessee Williams

*Die Liebe stirbt niemals an Hunger, wohl aber an Übersättigung.*

Ninon de Lanclos

*Die Liebe unterscheidet nicht zwischen hoch und niedrig.*

unbekannt

*Die meisten Menschen brauchen mehr Liebe als sie verdienen.*

Marie Freifrau von Ebner-Eschenbach

*Durch Küsse werden Viren übertragen, die die Widerstandskraft verringern.*

Robert Lembke

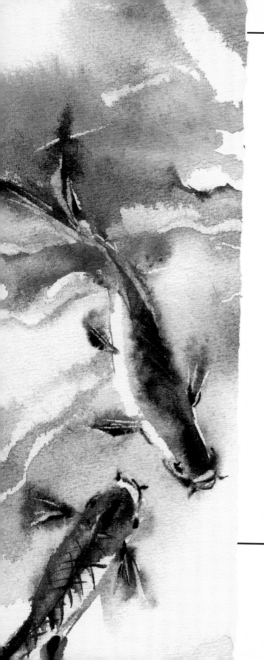

*Liebe ist die einzige
Sklaverei, die als Vergnügen
empfunden wird.*

George Bernard Shaw

*Liebe deine Feinde – dann
drehen sie durch.*

unbekannt

*Liebe ist blind, aber sie
sieht von weitem.*

Aus der Toskana

*Liebe ist das einzige, was
nicht weniger wird, wenn
wir es verschwenden.*

Ricarda Huch

*Liebe bringt selbst den
Esel zum Tanzen.*

Aus Frankreich

*Ein Kuss ist zweifellos
die angenehmste Art,
eine Frau am Sprechen
zu hindern.*

Robert Taylor

*Einen Menschen lieben
heißt einwilligen, mit ihm
alt zu werden.*

Albert Camus

*Liebe ist das einzige Mittel,
die Gunst der Frauen zu
erlangen, die für Geld nicht
zu haben sind.*

François Duc de La Rochefoucauld

**115**

Liebe ist ein Glas, das
zerbricht, wenn man es
unsicher oder zu fest fasst.

*Aus Russland*

Liebe ist eine tolle
Krankheit, da müssen
immer gleich zwei ins Bett.

*Robert Lembke*

Liebe ist eine
vorübergehende Blindheit
für die Reize
anderer Frauen.

*Marcello Mastroianni*

Liebe ist im Vergleich zu
anderen Arten der
Kriegsführung ein großer
Fortschritt.

*unbekannt*

Liebe ist für mich ein
Lebensmittel. Sie hält
mich jung.

*Elizabeth Taylor*

Liebe ist jener seltsame
Zustand, den alle
belächeln, bevor sie von
ihm befallen werden.

*Virna Lisi*

Liebe ist kein Solo, Liebe
ist ein Duett. Schwindet
sie bei einem, verstummt
das Lied.

*Adalbert von Chamisso*

*Liebe ist etwas
Wunderbares – ich hab
schon viel darüber gelesen.*

unbekannt

*Liebe ist von allen
Krankheiten noch die
gesündeste.*

Euripides

*Liebe macht blind, aber
nicht taub – daran ist
schon manche
hoffnungsvolle Beziehung
gescheitert.*

George Bernard Shaw

*Liebe mich dann, wenn ich
es am wenigsten verdient
habe, denn dann brauche
ich es am meisten.*

unbekannt

*Liebe und Husten lassen
sich nicht verbergen.*

unbekannt

*Liebe und Moschus lassen
sich nicht verheimlichen.*

Aus Persien

*Liebe vertreibt die Zeit,
und die Zeit vertreibt
die Liebe.*

Aus Deutschland

*Man muss viele Frösche
küssen, bevor man einen
Prinzen findet.*

unbekannt

*Mancher findet sein Herz
nicht eher, als bis er seinen
Kopf verliert.*

Friedrich Nietzsche

Manches beginnt als
Abenteuer und endet als
teurer Abend.

*Willy Reichert*

Mit der neuen Kollegin
muss man so lange
sprechen, bis sie mit sich
reden lässt.

*Robert Lembke*

Platonische Liebe ist die
Zeit zwischen der
Vorstellung und dem
ersten Kuss.

*unbekannt*

Und die Liebe per
Distanz, kurz gesagt,
missfällt mir ganz.

*Wilhelm Busch*

Und wo die Herzen weit
sind, da ist auch das Haus
nicht zu eng.

*Johann Wolfgang von Goethe*

Was die Liebe betrifft, so
ist es leichter, auf ein
Gefühl zu verzichten,
als eine Gewohnheit
aufzugeben.

*Guy de Maupassant*

Wenn die Menschen
sagen, sie hätten ihr Herz
verloren, ist es meistens
nur der Verstand.

*Robert Lembke*

*Alte Liebe und alte Brände glimmen leicht wieder auf.*

unbekannt

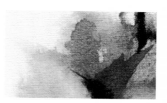

*Die Liebe ist ein Göttertrank, aber kein Tischwein.*

Aus Spanien

*Die Liebe der Eltern ist hundertmal größer als die Liebe der Kinder.*

unbekannt

*Das größte Glück, nächst der Liebe, besteht darin, die Liebe eingestehen zu dürfen.*

André Gide

*Wer einen tollen Hecht geangelt hat, sollte auch wissen, wie man ihn zubereitet.*

unbekannt

*Der Flirt ist die Kunst, einer Frau in die Arme zu sinken, ohne ihr in die Hände zu fallen.*

Sacha Guitry

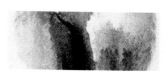

*Die Liebe dringt beim
Manne durch die
Augen ein, bei der Frau
durch die Ohren.*

Sprichwort oder Redensart aus Polen

*Die Liebe hat ihre eigene
Sprache; die Ehe kehrt zur
Landessprache zurück.*

Aus Russland

*Die Liebe ist der Versuch
der Natur, den Verstand
aus dem Weg zu räumen.*

unbekannt

*Anfänger behandeln
Frauen wie
Gummibärchentütchen:
aufreißen, vernaschen,
wegschmeißen.*

unbekannt

*Alle Männer sind auf
der Suche nach der
idealen Frau, vor allem
nach der Hochzeit.*

Helen Rowland

*Wie ein Mann Auto fährt,
so möchte er sein.*

Anna Magnani

*Am besten mit Frauen
kommen diejenigen
Männer aus, die
ebenso gut ohne die
Frauen auskommen.*

Charles Baudelaire

*Junggesellen wissen mehr
über Frauen als
Ehemänner. Wenn das
nicht so wäre, wären sie
auch verheiratet.*

Robert Lembke

*Die meisten Männer, die
Kluges über Frauen gesagt
haben, waren schlechte
Liebhaber. Die großen
Praktiker reden nicht,
sondern handeln.*

Jeanne Moreau

*Die richtigen Männer sind
entweder schon verheiratet
oder sie arbeiten zu viel.*

Juliette Greco

*Ehemänner sind wie Feuer.
Sobald sie unbeobachtet
sind, gehen sie aus.*

Zsa Zsa Gabor

*Ein Ehemann ist ein
Rohstoff, kein
Fertigprodukt.*

Grethe Weiser

Es hat keinen Sinn, mit
Männern zu streiten.
Sie haben ja doch
immer Unrecht.

*Zsa Zsa Gabor*

Es ist für einen Mann
beunruhigend, wenn er
anfängt, auf Frauen
beruhigend zu wirken.

*Jean Gabin*

Solange die Männer nicht
verheiratet sind, sprechen
sie nur von ihrem Herzen.
Später reden sie dann von
der Galle und der Leber.

*Trude Hesterberg*

Der Mann wird zum
Menschen erst durch
die Frau.

*Oswald Bumke*

Ein Fußgänger ist ein
Mann, der Frau und
Tochter, aber nur zwei
Autos hat.

*unbekannt*

Ein Mann am Knie einer
Frau ist ein Mensch, der
nach Höherem strebt.

*Robert Lembke*

Ein Mann am Steuer
eines Autos ist ein Pfau,
der sein Rad in der
Hand hält.

*Anna Magnani*

Männer glauben, das
Lächeln auf dem Gesicht
der Braut sei Glück; in
Wahrheit ist es Triumph.

*Robert Lembke*

Männer sind nur so lange
treu, wie die Versuchung
an ihnen vorübergeht.

*Rider Haggard*

Männer sind wie
Sprudelwasser –
aufbrausend und
geschmacklos.

*unbekannt*

Männer sind wie
Tapeten. Man muss sie
wechseln, bevor sie
einen langweilen.

*unbekannt*

Wenn man einem Mann
den kleinen Finger reicht,
bietet er seine ganze Hand.

*Marlene Dietrich*

Männer sind wie
Wasserkessel. – Wenn du
sie heiß machst,
kochen und pfeifen
sie. Und dann lassen
sie nur noch Dampf ab.

*unbekannt*

Männer sind wie Zähne.
Erst kriegt man sie
schlecht. Hat man sie,
bereiten sie einem zuweilen
Schmerzen. Und ist man
sie dann los, hinterlassen
sie eine Lücke.

*Ingrid van Bergen*

Man kann anderen Leuten
erklären, warum man
seinen Mann geheiratet
hat, aber sich selbst kann
man das nicht erklären.

*George Sand*

*Männer, die behaupten,*
*sie seien die*
*uneingeschränkten*
*Herren im Haus, lügen*
*auch bei anderer*
*Gelegenheit.*

Mark Twain

*Männer sind wie Wolken:*
*Wenn sie sich verziehen,*
*kann der Tag noch*
*schön werden.*

unbekannt

*Es gibt Männer, welche*
*die Beredsamkeit weib-*
*licher Zungen übertreffen,*
*aber kein Mann besitzt*
*die Beredsamkeit*
*weiblicher Augen.*

Demokrit

Wenn Männer aufs Ganze
gehen, meinen sie meist
die untere Hälfte.

*Helen Vita*

Wer behauptet, die Frauen
zu kennen, ist kein
Gentleman.

*George Bernard Shaw*

Die Eroberungen der
Männer schlagen
häufiger durch ihre
eigene Tölpelhaftigkeit
fehl als durch die
Tugendhaftigkeit
der Frauen.

*Ninon de Lenlos*

Alle Männer sind gleich,
bis auf den, den man
gerade kennen gelernt hat.

*Mae West*

Den idealen Ehemann
erkennt man vor allem
daran, dass er mit
einer anderen Frau
verheiratet ist.

*Faye Dunaway*

Der brave Mann denkt an
sich selbst zuletzt.

*Friedrich von Schiller*

Das Spiel ist das einzige,
was Männer wirklich
ernst nehmen.

*Peter Bamm*

Der einzige Mann, der
wirklich nicht ohne
Frauen leben kann, ist
der Frauenarzt.

*Arthur Schopenhauer*

Frauen sind wie Oasen,
Männer wie Kamele.
Kamele ziehen von Oase
zu Oase.

*unbekannt*

Für Männer gelten die
Gesetze der Optik nicht.
Wenn man sie unter die
Lupe nimmt, werden sie
plötzlich ganz klein.

*Grethe Weiser*

Gehorsam einer Frau
gegenüber ist der Weg zur
Hölle.

*Tunesisches Sprichwort*

Kein Mann ist so stark
wie eine Frau, die schwach
wird.

*Hans Holt*

Das Denken ist zwar allen
Menschen erlaubt, aber
vielen bleibt es erspart.

*Johann Wolfgang von Goethe*

Der Mensch hat mehr von
einem Affen als so
mancher Affe.

*Friedrich Nietzsche*

Der Mensch ist ein
Säugetier. Jeder saugt den
anderen aus.

*Gerhard Uhlenbruck*

Alles wird teurer, nur die
Ausreden werden billiger.

Rudolf Bernhard

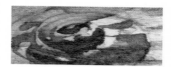

Am leichtesten trifft man
Leute, denen man aus
dem Wege gehen will.

Lothar Schmidt

Auch Schlafen ist eine
Form der Kritik, vor allem
im Theater.

George Bernard Shaw

Am meisten freut man
sich über Komplimente, die
man gar nicht verdient.

Michail Baryschnikow

Das Gefühl von
Gesundheit erwirbt man
sich nur durch Krankheit.

Georg Christoph Lichtenberg

Am schnellsten kommt
man auf dem Steckenpferd
seines Vorgesetzten voran.

Rumänisches Sprichwort

Das Hobby ist harte
Arbeit, die niemand täte,
wenn sie sein Beruf wäre.

Günther Schramm

Der Unwissende hat Mut,
der Wissende hat Angst.

Alberto Moravia

*Das Leben meistert man
entweder lächelnd oder
überhaupt nicht.*

Aus China

*Den Charakter eines
Menschen erkennt man an
den Scherzen, die
er übel nimmt.*

Christian Morgenstern

*Das Erste, was man bei
einer Abmagerungskur
verliert, ist die gute Laune.*

Gert Fröbe

*Den Charakter eines
Menschen erkennt man
erst dann, wenn er
Vorgesetzter geworden ist.*

Erich Maria Remarque

Die Anzahl unserer
Neider bestätigen unsere
Fähigkeiten.

Oscar Wilde

Die beste
Informationsquelle sind
Leute, die versprochen
haben, nichts
weiterzuerzählen.

Marcel Mart

Die beste und sicherste
Tarnung ist immer
noch die blanke und
nackte Wahrheit. Die
glaubt niemand!

Max Frisch

Die Leute, die niemals Zeit
haben, tun am wenigsten.

Georg Christoph Lichtenberg

Die Fortschritte der
Medizin sind ungeheuer.
Man ist sich seines Todes
nicht mehr sicher.

Hermann Kesten

Die medizinische
Forschung hat so enorme
Fortschritte gemacht, dass
es überhaupt keine
gesunden Menschen
mehr gibt.

Aldous Huxley

Die meisten Leute
beurteilen die Menschen
nur nach dem Aufsehen,
das sie erregen, oder nach
ihrem Vermögen.

François Duc de La Rochefoucauld

*Den meisten Schmutz
gibt es, wenn eine Hand
die andere wäscht.*

Zdenka Ortova

*Der Nachteil der
Intelligenz besteht darin,
dass man ununterbrochen
gezwungen ist,
dazuzulernen.*

George Bernard Shaw

*Der Nachteil des Himmels
besteht darin, dass man
die gewohnte Gesellschaft
vermissen wird.*

Mark Twain

*Der Neid ist die
aufrichtigste Form der
Anerkennung.*

Wilhelm Busch

Der Politiker denkt an die
nächsten Wahlen, der
Staatsmann an die nächste
Generation.

*William Gladstone*

Die meisten Menschen
beichten am liebsten die
Sünden anderer Leute.

*Graham Greene*

Die meisten Menschen
geben ihre Laster erst
dann auf, wenn sie ihnen
Beschwerden machen.

*William Somerset Maugham*

Die meisten Menschen
sterben an ihren
Medikamenten und nicht
an ihren Krankheiten.

*Molière*

Der Sieger hat viele
Freunde, der Besiegte hat
gute Freunde.

*Aus der Mongolei*

Die Abgeordneten
glauben ihre Pflicht schon
dann erfüllt zu haben,
wenn sie sich gewählt
ausdrücken.

*Bert Berkensträter*

Die Menschen glauben
fest an das, was
sie wünschen.

*Julius Caesar (100 - 44 v. Chr.)*

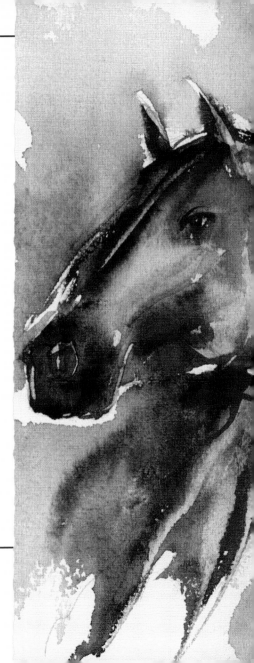

*Die meisten Menschen*
*wenden mehr Zeit und*
*Kraft daran, um die*
*Probleme herumzureden,*
*als sie anzupacken.*

Henry Ford

*Die Menschen lassen sich*
*lieber durch Lob ruinieren*
*als durch Kritik bessern.*

George Bernard Shaw

*Die Reiter machen viel*
*Vergnügen, besonders*
*wenn sie drunten liegen.*

Wilhelm Busch

*Die schwierigste*
*Turnübung ist immer*
*noch, sich selbst auf den*
*Arm zu nehmen.*

Curt Goetz

Die Versuchung ist eine wunderbare Sache. Das merkt man erst dann, wenn man nicht mehr in Versuchung gerät.

*William Somerset Maugham*

Die Zehn Gebote sind deshalb so einfach und klar, weil keine Expertenausschüsse mitgearbeitet haben.

*Charles de Gaulle*

Ein Snob ist ein Mensch, der sich, ohne eine Miene zu verziehen, auf ein Stachelschwein setzt, nur weil man ihm gesagt hat, dass dies ein von Picasso entworfener Stuhl sei.

*Stirling Moss*

Ein Intellektueller ist ein Mann, der einem hübschen Mädchen über die Schulter blickt, um zu sehen, was es liest.

*Raoul Auernheimer*

Ein Mensch fühlt oft sich wie verwandelt, sobald man menschlich ihn behandelt.

*Eugen Roth*

Ein gutes Gewissen ist oft nur die Kehrseite eines schlechten Gedächtnisses.

*Anton Kuh*

*Ein Mensch, will er auf
etwas pfeifen, darf sich im
Tone nicht vergreifen.*

Eugen Roth

*Ein Optimist ist ein
Mensch, der die Dinge
nicht so tragisch nimmt,
wie sie sind.*

Karl Valentin

*Ein Pessimist ist ein
Mensch, der das
Schlimmste erhofft und
auf das Beste gefasst ist.*

Werner Kraus

*Ein Zyniker ist ein
Mensch, der von allem den
Preis und von nichts den
Wert kennt.*

Oscar Wilde

Ein Geschäft wird erst dann ein Geschäft, wenn man dem Finanzamt nachweisen kann, dass es kein Geschäft war.

*Markus Ronner*

Eifersucht ist in gewisser Hinsicht gerecht und vernünftig, da sie nur den Besitz bewahren will, der unser ist oder zu sein scheint; Neid dagegen ist Eifern über den Besitz anderer.

*François Duc de La Rochefoucauld*

Eine Sache, welche vielen gehört, wird schlechter verwaltet als eine Sache, die einem Einzelnen gehört.

*Aristoteles (384-322 v. Chr.)*

Enthaltsamkeit ist das Vergnügen an Dingen, welche wir nicht kriegen.

*Wilhelm Busch*

Entrüstung ist ein erregter Zustand der Seele, der meist dann eintritt, wenn man erwischt wird.

*Wilhelm Busch*

Erstaunlich viele Menschen sind originell, aber nur bei der Rechtschreibung.

*Georg Thomalla*

*Eines der Probleme beim Fußball ist, dass die einzigen Leute, die wissen, wie man spielen müsste, auf der Pressetribüne sitzen.*

Robert Lembke

*Es gibt Diebe, die nicht bestraft werden und einem doch das Kostbarste stehlen: die Zeit.*

Napoleon Bonaparte

*Es gibt Dinge, die man bereut, ehe man sie tut. Und man tut sie doch.*

Christian Friedrich Hebbel

*Es gibt größere Dinge als unser Einkommen; zum Beispiel unsere Ausgaben.*

Robert Lembke

Es ist ein Brauch von
Alters her: Wer Sorgen
hat, hat auch Likör.

*Wilhelm Busch*

Es ist schwieriger, eine vor-
gefasste Meinung zu
zertrümmern als ein Atom.

*Albert Einstein*

Es ist unmöglich, Staub
wegzublasen, ohne dass
eine Menge Leute
anfangen zu husten.

*Prinz Philip*

Es ist weit schwerer, sich
von anderen nicht
beherrschen zu lassen, als
andere zu beherrschen.

*François Duc de La Rochefoucauld*

Es gibt Wohltäter, die es gern sehen, auf frischer Tat ertappt zu werden.

*Louis Armstrong*

Es ist besser, Genossenes zu bereuen, als zu bereuen, dass man nichts genossen hat.

*Giovanni Boccaccio*

Wir mögen Menschen, die frisch heraus sagen, was sie denken – falls sie dasselbe denken wie wir.

*Mark Twain*

Wir sind leicht bereit, uns selbst zu tadeln. Unter der Bedingung, dass niemand einstimmt.

*Marie Freifrau von Ebner-Eschenbach*

Wer nicht kann, was er will, muss wollen, was er kann.

*Leonardo da Vinci*

Willst du den Charakter eines Menschen erkennen, so gib ihm Macht.

*Abraham Lincoln*

Wir mögen keinem gerne gönnen, dass er was kann, was wir nicht können.

*Wilhelm Busch*

Es gibt kaum eine größere Enttäuschung, als wenn du mit einer recht großen Freude im Herzen zu gleichgültigen Menschen kommst.

*Christian Morgenstern*

Es sind nicht die
Gottlosen, es sind die
Frommen seiner Zeit
gewesen, die Christus ans
Kreuz schlugen.

*Gertrud von Le Fort*

Es stimmt, dass Arbeit
noch keinen umgebracht
hat, aber warum ein
Risiko eingehen?

*Ronald Reagan*

Fasse dich stets kürzer
als irgendein Zuhörer
zu hoffen wagt.

*Rufus Daniel*

Für den ersten Eindruck
gibt es keine zweite
Chance.

*Johanna Erdtmann*

Früher starben die
Menschen vergnügt mit
35 Jahren, heute
schimpfen sie bis 95 auf
die Chemie.

*Carl Heinrich Krauch*

Gegen Angriffe kann
man sich wehren, gegen
Lob ist man machtlos.

*Sigmund Freud*

Gesegnet seien jene, die
nichts zu sagen haben und
den Mund halten!

*Oscar Wilde*

*Es genügt nicht, große
Eigenschaften zu haben,
man muss auch mit ihnen
wirtschaften können.*

François Duc de La Rochefoucauld

*Gewöhnlich lobt man, um
gelobt zu werden.*

François Duc de La Rochefoucauld

*Gott hat die einfachen
Menschen offenbar geliebt,
denn er hat so viele von
ihnen gemacht.*

Abraham Lincoln

*Gute Erziehung hat einen
schrecklichen Nachteil:
Sie schließt einen von
vielem aus.*

Oscar Wilde

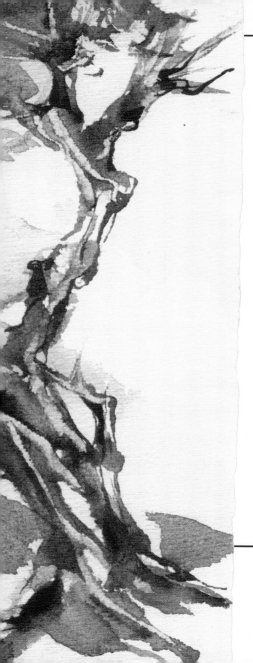

*Genie ist ein Prozent
Eingebung und
neunundneunzig
Prozent Schweiß.*

Thomas Alva Edison

*In keiner Lebenslage denkt
der Mensch so sehr ans
Vorwärtskommen wie vor
einem Stoppschild.*

Theo Lingen

*In Seilschaften bildet oft
das Hinterteil des einen
den Horizont des anderen.*

Ralph Boller

*Je planmäßiger die
Menschen vorgehen,
desto wirksamer trifft
sie der Zufall.*

Friedrich Dürrenmatt

Zeige mir, wie du baust,
und ich sage dir, wer
du bist.

*Christian Morgenstern*

Jede Minute, die man
lacht, verlängert das Leben
um eine Stunde.

*Aus China*

Jeder Mensch ist ein
Clown, aber nur wenige
haben den Mut,
es zu zeigen.

*Charlie Rivel*

Jedermann klagt über sein
Gedächtnis, niemand
über seinen Verstand.

*François Duc de La Rochefoucauld*

Kein Mensch ist so
beschäftigt, dass er nicht
die Zeit hat, überall
zu erzählen, wie
beschäftigt er ist.

*Robert Lembke*

Leistung allein genügt
nicht. Man muss auch
jemanden finden, der sie
anerkennt.

*Marcel Mart*

Lustige Leute begehen
mehr Torheiten als
traurige. Aber
traurige Menschen bege-
hen größere.

*Heinrich von Kleist*

*Leute mit Mut und
Charakter sind den ande-
ren Leuten immer sehr
unheimlich.*

Hermann Hesse

*Machen Sie sich erst
einmal unbeliebt, dann
werden Sie auch
ernst genommen.*

Konrad Adenauer

*Man hilft den Menschen
nicht, wenn man etwas
für sie tut, was sie
selbst tun könnten.*

Abraham Lincoln

*Mit nichts ist man
freigiebiger als mit
Ratschlägen.*

François Duc de La Rochefoucauld

Man soll nie vergessen,
dass die Gesellschaft
lieber unterhalten als
unterrichtet sein will.

*Adolph Freiherr von Knigge*

Man sollte niemals zu
einem Arzt gehen, ohne
zu wissen, was dessen
Lieblingsdiagnose ist.

*Henry Fielding*

Manche Menschen sind so
falsch, dass sie nicht
einmal mehr das Gegenteil
von dem denken,
was sie sagen.

*Marcel Aymé*

Manch einer verdankt
seinen Erfolg den
Ratschlägen, die er nicht
angenommen hat.

*Franz Molnar*

Menschen sind wie
Edelsteine: Man lernt sie
am besten kennen, indem
man sie aus der
Fassung bringt.

*Aus Deutschland*

Mit dem Aberglauben ist
es auch so eine Sache.
Ich habe noch keinen
Menschen getroffen, der
sein 13. Monatsgehalt
zurückgegeben hat.

*Fritz Muliar*

Menschen stolpern nicht
über Berge, sondern über
Maulwurfshügel.

*Konfuzius (um 551-479 v. Chr.)*

Nichts beschleunigt die
Genesung so sehr
wie regelmäßige
Arztrechnungen.

*Alec Guinness*

Mitleid bekommt man
geschenkt, Neid muss man
sich verdienen.

*Robert Lembke*

*Mit den Gesetzen ist es wie mit den Würstchen. Es ist besser, wenn man nicht sieht, wie sie gemacht werden.*

Otto von Bismarck

*Nicht nur das Gesundmachen, auch das Krankschreiben bringt zufriedene Patienten.*

Werner Horand

*Merkmal großer Menschen ist, dass sie an andere weit geringere Anforderungen stellen als an sich selbst.*

Marie Freifrau von Ebner-Eschenbach

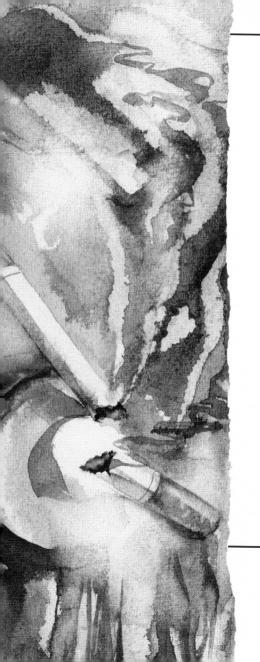

*Rauchen ist ein Ritual, um böse Geister, wie zum Beispiel Nichtraucher, zu vertreiben.*

Wolfram Weidner

*Ruhm ist ein Gift, das der Mensch nur in kleinen Dosen verträgt.*

Honoré de Balzac

*Schade, dass die meisten sofort aufhören zu rudern, wenn sie ans Ruder gekommen sind.*

Alfred Polgar

*Oft tut man Gutes, um ungestraft Böses tun zu können.*

François Duc de La Rochefoucauld

Reue ist oft nicht so sehr
das Bedauern über das
Böse, das wir getan haben,
als die Furcht vor
dem, was uns daraus
erwachsen könnte.

François Duc de La Rochefoucauld

Schlagfertigkeit ist, was
einem nach der Rede auf
dem Heimweg einfällt.

Mark Twain

Sein Gewissen war rein —
er benutzte es nie.

Dietrich Bonhoeffer

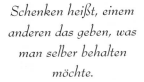

Schenken heißt, einem
anderen das geben, was
man selber behalten
möchte.

Selma Lagerlöf

Stille ist der Zustand, der
eintreten würde, wenn die
Menschen nur noch von
Dingen sprächen, von
denen sie etwas verstehen.

unbekannt

Vertrauen ist das Gefühl,
einem Menschen sogar
dann glauben zu können,
wenn man weiß, dass man
an seiner Stelle
lügen würde.

Henry Louis Mencken

Versuchungen sollte man
nachgeben. Wer weiß, ob
sie wiederkommen!

*Oscar Wilde*

Viele Spötter meinen,
reich an Geist zu sein, und
sind doch nur arm
an Takt.

*Georg Christoph Lichtenberg*

Viele verlieren den
Verstand nur deshalb
nicht, weil sie
keinen haben.

*Baltasar Gracian Y Morales*

Von Zeit zu Zeit muss
man einmal sündigen.
Sonst verliert man den
Spaß an der Tugend.

*Ilona Bodden*

Wäre die Hoffnung doch
wie eine Sanduhr!
Umkippen – und
wieder hoffnungsvoll.

*Vytautas Karalius*

Was nützt es dem
Menschen, wenn er Lesen
und Schreiben gelernt hat,
aber das Denken anderen
überlässt.

*Ernst R. Hauschka*

Unter Menschen gibt es viel
mehr Kopien als Originale.

*Pablo Picasso*

*Weil Denken die schwerste Arbeit ist, die es gibt, beschäftigen sich auch nur wenige damit.*

Henry Ford

*Wenn ich mein Leben noch einmal leben könnte, würde ich die gleichen Fehler machen. Aber ein bisschen früher, damit ich mehr davon habe.*

Marlene Dietrich

*Wer die Menschen kennen lernen will, der studiere ihre Entschuldigungsgründe.*

Christian Friedrich Hebbel

*Wenn ein Arzt hinter
dem Sarg seines Patienten
geht, so folgt manchmal
tatsächlich die Ursache
der Wirkung.*

Robert Koch

*Wenn eine verzweifelte
Situation ein besonderes
Können erfordert, dann
bringt man dieses Können
auch auf, obwohl man
vorher keine Ahnung
davon hatte.*

Napoleon Bonaparte

*Wenn es im Leben kracht,
ist Humor ein guter
Stoßdämpfer.*

Phil Bosmans

Wenn man alle Gesetze
studieren sollte, so hätte
man gar keine Zeit,
sie zu übertreten.

*Johann Wolfgang von Goethe*

Wer heutzutage Karriere
machen will, muss schon
ein bisschen
Menschenfresser sein.

*Salvador Dalí*

Wenn Gott nicht verzeihen
würde, bliebe sein
Paradies leer.

*Arabisches Sprichwort*

Wenige Menschen denken,
und doch wollen
alle entscheiden.

*Friedrich II., der Große*

Wir leben in einem
gefährlichen Zeitalter. Der
Mensch beherrscht die
Natur, bevor er gelernt hat,
sich selbst zu beherrschen.

*Albert Schweitzer*

Wer keine Zukunft hat,
redet über seine
Vergangenheit.

*Franz Luwein*

157

*Der Meter ist ein Längenmaß, im Angelsport entspricht er rund 45 Zentimetern.*

unbekannt

*Ehepaar abends im Bett. Sie: „Es wäre schön, wenn du geil wärst!" Darauf ant-wortet er: „Es wäre geil, wenn du schön wärst!"*

unbekannt

*Ein anständiges Mädchen geht um 8 Uhr ins Bett, damit es um 10 zu Hause ist.*

unbekannt

Beamte dürfen nichts annehmen, nicht einmal Vernunft.

*unbekannt*

Beamte sind die Träger der Nation. Einer träger als der andere.

*unbekannt*

Dein Verstand ist dein Vermögen, aber Armut schändet nicht.

*unbekannt*

Ehrlich währt am längsten. Aber wer hat schon so viel Zeit.

*Robert Lembke*

Zwischen Leber und Milz passt immer noch ein Pils.

*unbekannt*

Eine Glatze ist der best Schutz gegen Haarausfa

*Telly Savalas*

Lieber 'nen stürmische Ehemann als 'nen windigen Liebhaber.

*unbekannt*

Lieber am Busen der Natur als am Arsch der Welt.

*unbekannt*

Lieber durch Reichtum dümmer als durch Schaden klug.

*unbekannt*

Lieber einen zweiten Frühling als dritte Zähne

*unbekannt*

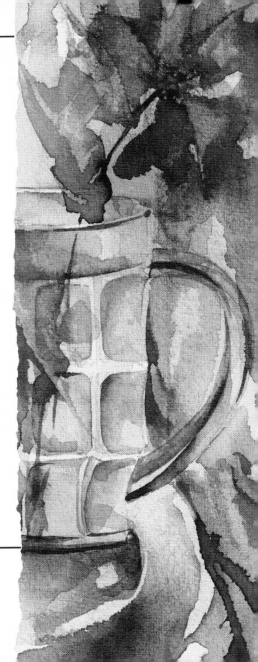

*Lieber ein Blatt vor dem
Mund als ein Brett vor
dem Kopf.*

unbekannt

*Lieber ein Ende mit
Scheck als ein Wechsel
ohne Ende.*

unbekannt

*Lieber ein erregter
Bekannter als ein unbe-
kannter Erreger.*

unbekannt

*Lieber ein Lied auf den
Lippen als ein Pfeifen
im Ohr.*

unbekannt

*Lieber Wurstfinger als
Knoblauchzehen.*

unbekannt

*Lieber eine gesunde*
*Verdorbenheit als eine*
*verdorbene Gesundheit.*

unbekannt

*Lieber heimlich schlau als*
*unheimlich blöd.*

unbekannt

*Lieber Kies in der Tasche*
*als Sand im Getriebe.*

unbekannt

*Lieber mit dem Fahrrad*
*zum Strand als mit dem*
*Mercedes zur Arbeit.*

unbekannt

*Lieber mit 'ner Flamme im*
*Bett als mit 'ner Leuchte*
*am Schreibtisch.*

unbekannt

*Lieber 'nen Bauch vom
Saufen als 'nen Buckel
von der Arbeit.*

unbekannt

*Lieber über Nacht ver-
sumpfen als im Sumpf
übernachten.*

unbekannt

*Lieber voll heimkommen
als leer ausgehen.*

unbekannt

*Lieber von Picasso gemalt
als vom Schicksal gezeichnet.*

unbekannt

*Wer schläft, sündigt
nicht – wer vorher sündigt,
schläft besser.*

unbekannt

*Wer heute den Kopf in den
Sand steckt, wird morgen
mit den Zähnen knirschen.*

Franz Fischer

*Lieber zu dritt im Bett als
allein im Sarg.*

unbekannt

*Lieber zweifelhaft als
Einzelhaft.*

unbekannt

*Man muss die Gäste
feuern, wenn sie lallen.*

unbekannt

*Man muss schon ganz
schön tief graben, um
jemanden zu finden, der
langsamer ist als du!*

unbekannt

Abends werden die
Faulen fleißig.

*

Abwechslung stärkt
den Appetit.

*

Adel sitzt im Gemüte,
nicht im Geblüte.

*

Alle Wege führen
nach Rom.

*

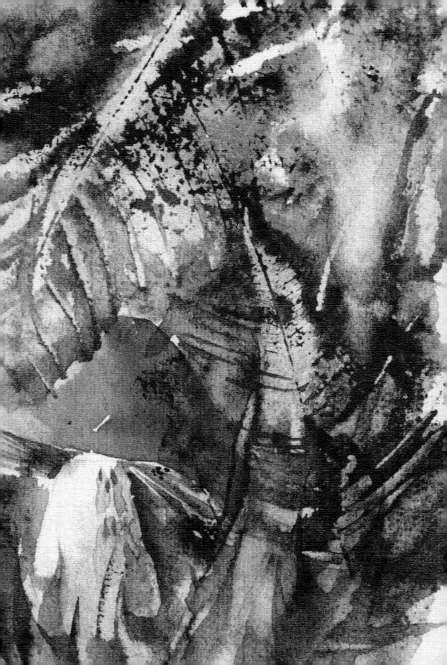

Allen Menschen recht getan, ist eine Kunst, die niemand kann.

\*

Aller Anfang ist schwer.

\*

Allzeit gewinnen macht verdächtig, allzeit verlieren macht verächtlich.

\*

Allzu viel ist ungesund.

\*

Alt werden will jeder, älter werden niemand.

\*

Alte Liebe rostet nicht.

\*

Alte Bäume lassen sich nicht biegen.

\*

Alte Vögel sind schwer zu rupfen.

\*

Alte Wunde blutet leicht.

\*

Alter macht zwar immer weiß, aber nicht immer weise.

\*

Alter schützt vor
Torheit nicht.

\*

Am Markt lernt man die
Leute kennen.

\*

Am Trillern erkennt man
die Lerche.

\*

An den Federn erkennt
man den Vogel.

\*

An den Scherben erkennt
man den Topf.

\*

Armut schändet nicht.

\*

An Gottes Segen ist
alles gelegen.

*

An schmutzigen Händen
bleibt viel hängen.

*

Andere Zeiten,
andere Sitten.

*

Anderer Fehler sind
gute Fehler.

*

Arbeit, Müßigkeit und
Ruh schließt dem Arzt
die Türe zu.

*

Ändern und Bessern
sind zweierlei.

*

Anfangen ist leicht, behar-
ren ist Kunst.

*

Arbeit bringt Brot,
Faulenzen Hungersnot.

*

Arbeit hat bittere Wurzel,
aber süße Frucht.

*

Arm ist nicht, wer wenig
hat, sondern wer
viel bedarf.

*

Arm oder reich, vor Gott
sind alle gleich.

*

Armer Leute Gäste gehen
früh nach Hause.

*

Armut ist des Reichtums
Hand und Fuß.

*

Armut ist verhasst,
Reichtum oft eine Last.

*

*Auf einen Hieb fällt
kein Baum.*

*

*Auf Erden lebt kein
Menschenkind, an dem
man keinen Mangel find't.*

*

*Auf jeden Abend
folgt ein Morgen.*

*

*Auf Nachbars Feld steht
das Korn besser.*

*

*Auf Regen folgt
Sonnenschein.*

*

Auch der beste Gaul
stolpert einmal.

*

Auch die Ewigkeit besteht
aus Augenblicken.

*

Auf dem Ofen sitzend
wird man nicht General.

Russisches Sprichwort

Auf einen groben Klotz
gehört ein grober Keil.

*

Auf schnelle Fragen gibt
es langsame Antworten.

*

Aufgeschoben ist nicht
aufgehoben.

*

Aus fremdem Leder ist
leicht Riemen schneiden.

*

Aus Neigungen werden
Tugenden und Laster.

*

Bär und Büffel können
keinen Fuchs fangen.

*

Besser karg als arg.

*

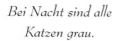

*Bei Nacht sind alle
Katzen grau.*

\*

*Dankbarkeit ist
dünn gesät.*

\*

*Das Wasser kann ohne
Fische auskommen, aber
kein Fisch ohne Wasser.*

\*

*Dem fleißigen Hamster
schadet der Winter nicht.*

\*

*Dem Faulpelz geht die
Arbeit von der Hand wie
das Pech von der Wand.*

\*

*Dem fliehenden Feinde soll
man goldene Brücken
bauen.*

\*

*Dem Satten schmeckt
das Beste nicht.*

\*

*Das Herz lügt nicht.*

\*

*Dem Weisen genügen
wenige Worte.*

\*

*Dem toten Löwen kann
jeder Hase an der
Mähne zupfen.*

\*

*Den Esel meint man, den
Sack schlägt man.*

\*

*Den Nackten kann man
nicht ausziehen.*

\*

*Der Adler fängt keine
Mücken.*

\*

*Der Arme kennt seine
Verwandten besser als
der Reiche.*

\*

*Der Angriff ist die
beste Verteidigung.*

\*

*Der Apfel fällt nicht weit
vom Stamm.*

\*

*Der ärgste Feind ist in
uns selber.*

\*

*Der beste Advokat ist der
schlimmste Nachbar.*

\*

*Der beste Arzt ist oft der
schlechteste Patient.*

\*

*Der Klügere gibt nach.*

\*

Der Einäugige ist unter
den Blinden der König.

*

Der Erben Tränen sind
ein verdecktes Lachen.

*

Der erste Betrug ist ärger
als der letzte.

*

Der Honig ist nicht weit
vom Stachel.

*

Der eine klopft auf den
Busch, der andere fängt
den Vogel.

*

Der Horcher an der Wand
hört seine eig'ne Schand'.

*

Der Kirchhof deckt die
Sünden der Ärzte zu.

*

Der Krug geht so lange
zum Brunnen, bis er bricht.

*

Die Faulen und
die Dreisten schreien
am meisten.

*

Die Alten werden
zweimal Kinder.

\*

Die beste Amme ersetzt
keine Mutter.

\*

Die Bitte ist immer heiß,
der Dank kalt.

\*

Die Dummen werden
nicht alle.

\*

Der Letzte zahlt die Zeche.

\*

Der Stärkere hat
immer Recht.

\*

Die Katze lässt das
Mausen nicht.

\*

Die Kühe, die am meisten
brüllen, geben die
wenigste Milch.

\*

Die Hölle und
der Argwohn werden
nimmer satt.

\*

Des einen Tod, des
andern Brot.

\*

Des Menschen Wille ist
sein Himmelreich.

\*

Die Lächerlichkeit tötet
mehr als jede Waffe.

Französisches Sprichwort

Die Reichen haben
Medizin, die Armen
Gesundheit.

\*

Die Sonne bringt es an
den Tag.

\*

177

Die Trägheit schleicht so
langsam, dass die Armut
sie bald einholt.

\*

Dienstjahre sind keine
Herrenjahre.

\*

Disteln sind dem Esel lieber als Rosen.

\*

Dreimal umgezogen ist so
gut wie abgebrannt.

*Benjamin Franklin*

Dummheit und Stolz
wachsen auf einem Holz.

\*

Doppelt genäht hält besser.

\*

Durch Schaden wird
man klug.

\*

Ein hungriger Bauch hat
keine Ohren.

\*

Ein Ochs, der viel brüllt,
zieht wenig.

\*

*Ein räudiges Schaf steckt
die ganze Herde an.*

*

*Ehrlich währt am längsten.*

*

*Ein blindes Huhn findet
auch ein Korn.*

*

*Ein guter Amboss fürchtet
keinen Hammer.*

*

*Ein guter Feldherr ist so
gut wie eine halbe Armee.*

*

*Ein guter Koch ist ein
guter Arzt.*

*

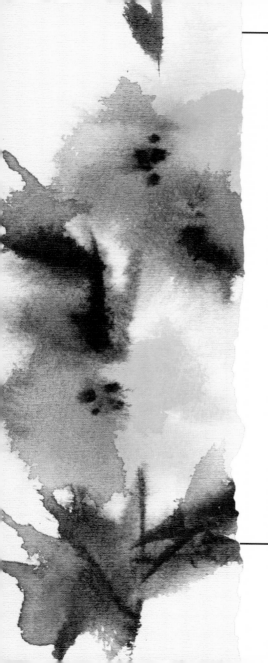

*Ein Unglück kommt
selten allein.*

\*

*Ein Vater ernährt eher
zehn Kinder als zehn
Kinder einen Vater.*

\*

*Ein voller Bauch studiert
nicht gern.*

\*

*Ein Wort ist wie ein Pfeil,
der, einmal von der Sehne
geschnellt, nicht mehr
zurückgehalten
werden kann.*

\*

*Ende gut, alles gut.*

\*

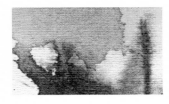

Eine Katze, die einen
Kanarienvogel gefressen
hat, kann deshalb noch
nicht singen.

*

Eine Kette ist nur so stark
wie ihr schwächstes Glied.

*

Eine Krähe hackt der
anderen kein Auge aus.

*

Eine Lüge schleppt zehn
andere nach sich.

*

Einem faulen Arbeiter ist
jeder Hammer zu schwer.

*

Einen alten Baum versetzt
man nicht.

*

Einmal geschrieben ist so
gut wie zehnmal gelesen.

*

Es ist noch keiner geboren,
der nichts dazu-
gelernt hätte.

Russisches Sprichwort

Es ist nicht alles Gold,
was glänzt.

\*

Es ist noch kein Meister
vom Himmel gefallen.

\*

Es kommt oft anders als
man denkt.

\*

Es schlägt nicht immer
ein, wenn es donnert.

\*

Es wird nichts so heiß
gegessen, wie es
gekocht wird.

\*

Erst die Arbeit, dann
das Vergnügen.

\*

Fallen ist keine Schande,
aber Liegenbleiben.

\*

Faulheit ist der Schlüssel
zur Armut.

\*

Fische fängt man mit
Angeln, Leute mit Worten.

\*

*Feuer und Wasser sind
zwei gute Diener, aber zwei
schlimme Herren.*

\*

*Fressen und Saufen macht
die Ärzte reich.*

\*

*Frisch gewagt ist halb
gewonnen.*

\*

*Fröhlichkeit und
Mäßigkeit sind die zwei
besten Ärzte.*

\*

*Gebranntes Kind scheut
das Feuer.*

\*

Gelegenheit macht Diebe.

\*

Gleich und gleich gesellt
sich gern.

\*

Glück und Glas, wie leicht
bricht das.

\*

Große Kunst ist dann
erreicht, wenn man nichts
mehr weglassen kann.

Chinesisches Sprichwort

Gut Ding will Weile haben.

\*

Guter Anfang ist
halbe Arbeit.

\*

Handwerk hat goldenen
Boden.

*

Hunde, die bellen,
beißen nicht.

*

Hunger ist der beste Koch.

*

Im schönsten Apfel ist
der Wurm.

*

Immer bleibt der Aff' ein
Affe, wird er König
oder Pfaffe.

*

In der Jugend faul, im
Alter Not leidend.

Englisches Sprichwort

Jeder Geselle will lieber
Meister sein.

\*

Keine Antwort ist auch
eine Antwort.

\*

Jeder ist sich selbst
der Nächste.

\*

Luftschlösser lassen sich
leicht aufbauen, aber
schwer abreißen.

\*

Jedes Ding hat zwei
Seiten.

\*

Lust und Liebe zu einem
Ding macht die schwerste
Arbeit gering.

\*

Jung gewohnt, alt getan.

\*

Kein Baum fällt auf den
ersten Streich.

\*

*Liebe geht durch
den Magen.*

\*

*Keine Rose ohne Dornen.*

\*

*Kurze Besuche verlängern
die Freundschaft.*

\*

*Lügen haben kurze Beine.*

\*

*Man muss sich strecken
nach den Decken.*

\*

*Man soll den Tag nicht vor
dem Abend loben.*

\*

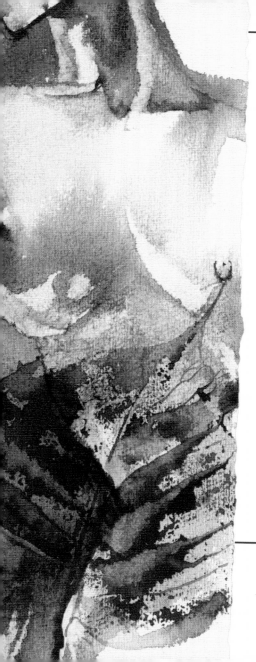

Mancher will fliegen,
ehe er Federn hat.

\*

Morgenstund' hat Gold
im Mund.

\*

Müßiggang ist aller
Laster Anfang.

\*

Nach getaner Arbeit ist
gut ruh'n.

\*

Neue Besen kehren gut.

\*

Nicht jeder, der einen Bart
trägt, ist schon Prophet.

Arabisches Sprichwort

Sich regen bringt Segen.

*

Spielen ist keine Kunst,
aber aufhören mit spielen.

*

Über Geschmack lässt sich
nicht streiten.

*

Überall wird mit
Wasser gekocht.

*

Stille Wasser gründen tief.

*

Träume sind Schäume.

*

Vergessen ist oft schwerer
als sich zu erinnern.

*

Viele Hunde sind des
Hasen Tod.

*

Viele Köche verderben
den Brei.

*

Was der Bauer nicht
kennt, frisst er nicht.

*

*Was du heute kannst besorgen, das verschiebe nicht auf morgen.*

\*

*Was lange währt, wird endlich gut.*

\*

*Was man in der Wiege gelernt hat, das hält auch im Alter vor.*

Spanisches Sprichwort

*Was man nicht im Kopf hat, muß man in den Beinen haben.*

\*

*Wasch mir den Pelz, aber mach mich nicht nass.*

\*

*Wem Gott ein Amt gibt, dem gibt er auch Verstand.*

\*

*Wenn Arbeit so leicht wäre, so tät's der Bürgermeister selbst.*

\*

*Wenn die Katze aus dem Haus ist, tanzen die Mäuse.*

\*

*Zum Lernen ist niemand zu alt.*

\*

Wenn es am besten
schmeckt, soll
man aufhören.

*

Wenn es dem Esel zu wohl
ist, geht er aufs Eis.

*

Wer A sagt, muss auch
B sagen.

*

Wer allen dienen will,
kommt immer am
schlimmsten weg.

*

Wer andern eine Grube
gräbt, fällt selbst hinein.

*

Wer das wenigste weiß, hat
oft das meiste zu sagen.

*

Wer den Fuchs fangen
will, muss mit den
Hühnern aufstehen.

*

Wer den Kreuzer nicht ehrt,
ist den Thaler nicht wert.

*

Wer dir von andern
schlecht spricht, der
spricht auch andern
schlecht von dir.

*

Wer Fische fangen will,
muss sich nass machen.

Spanisches Sprichwort

Wer einen Bauern betrügen will, muss einen Bauern mitbringen.

*

Wer grob ist, ist noch lange nicht stark.

*

Wer keine Zeit hat, ist ärmer als der ärmste Bettler.

*

Wozu der Mensch Lust hat, dazu hat er auch Andacht.

*

Würde bringt Bürde.

*

Wer im Glashaus sitzt, soll nicht mit Steinen werfen.

*

Wer langsam geht, kommt auch zum Ziel.

*

Wer nicht arbeitet, soll auch nicht essen.

*

Wer nicht richtig faulenzen kann, kann auch nicht richtig arbeiten.

*

Wer niemals anfängt, bringt niemals etwas zu Stande.

*

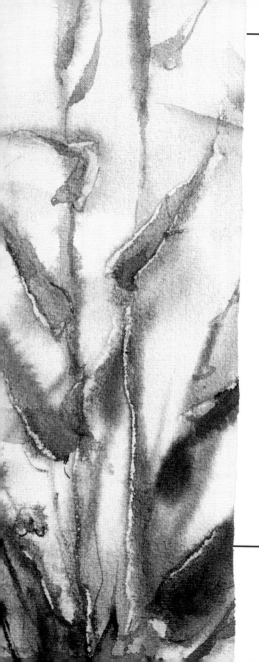

Wer seinen Gegner
umarmt, macht ihn bewe-
gungsunfähig.

Tunesisches Sprichwort

Wer sich auf andere
verlsst, der ist verlassen.

*

Wer viel anfängt,
endet wenig.

*

Wer warten kann,
hat viel getan.

*

Wes Brot ich esse, des
Lied ich singe.

*

Wie gewonnen,
so zerronnen.

\*

Wie wir die Arbeit
anschauen, so schaut uns
die Arbeit wieder an.

\*

Wie die Alten sungen, so
zwitschern auch
die Jungen.

\*

Wie einer isst, so arbeitet
er auch.

\*

Wie man in den Wald
hinein ruft, so schallt
es heraus.

\*

Wo deine Gaben liegen, da
liegen auch deine
Aufgaben.

\*

Wohl angefangen ist gut,
wohl enden ist besser.

\*

Zwischen Freud und Leid
ist die Brücke nicht breit.

\*

Genehmigte Lizenzausgabe
EDITION XXL GmbH
Reichelsheim 2003

Text: Dr. Peter Albrecht
Aquarelle: Olga Malkovskaja


ISBN 3-89736-900-1